マンガでわかる禅の智恵

土居征夫 著
W-KIDS ストーリー原作
silversnow 作画

A Guide on how to practice Zen

日本能率協会マネジメントセンター

はじめに

本書は、第1部と第2部からなります。

第1部では、小学生時代を海外で過ごした帰国子女のリョータが中学に進学して、ひょんなことから剣道部に引っ張り込まれ、持ち前の能力を発揮して、技も力もつけていったのですが、実際の試合になかなか勝てません。

そのリョータを指導する教師と老人が現れて、「こころ」の大事さを説き、リョータは次第に禅のこころの世界に惹き込まれていくというストーリーです。

そのマンガのストーリーを素材としながら、禅のこころにふれるキーワードや、禅に関する基礎知識を解説していきます。

「禅」という言葉には色々なイメージがあり、若い世代にはなじみやすい言葉でない面もあるので、子供を主人公にした第1部では万国共通の用語である「Ｚｅｎ」を用いました。

第2部は、リョータが学校を卒業して社会人となり、実社会の色々な課題に直面することになる段階で、それまで学んできた禅の智恵がどのように役立つことになるのかについて、さらに詳しく探究していきます。

私は一社会人として仕事をしながら坐禅を続け、現在、在家禅※の会で指導する立場にありますが、まだ修行中のつもりでいます。

本書ではほんの少しの先輩として、日常、禅に接する機会のない読者の皆様と一緒にできるだけ同じ目線で考えていくという姿勢で、皆様の参考になる、あるいはヒントになるテーマについて自分なりの解説を加えていきます。

これからの時代の実生活を生きぬくため、禅の智恵が役立つ面があることに少しでも気がついていただけたら幸いと考えます。

２０１６年12月

土居 征夫

※在家禅

日本の場合、禅の伝統が寺院によって維持されてきたのは事実です。

しかし、その禅の智恵を実生活や芸術文化に生かしたのは、僧侶だけでなく、その時々の生活者である武士、役人、文人、茶人、俳人、歌人、絵師、町人、農民、庶民であったのです。それぞれの時代のリーダーも、生き方の問題として、世の中に対する道として、禅のこころを練り、その人生を開花させてきたのです。

禅は、万人が追求すべき宇宙の真理に関わるもので、日本文化、東洋文化に発するものですが、いまや人類の宝物となったのではないかと言われます。

在家禅の会は、一般人が老若男女を問わず禅に親しむ会で、明治・大正以来国内ではいくつかの道場が維持されてきています。

目次

第2部 実社会を生きぬく禅の智恵

【主な登場人物】

三都瑠儀《みつるぎ》　リョータ
Ryouta Mitsurugi

米国シカゴからの帰国子女、帰国時小6、サラリーマン家庭の自宅は東京・本郷。

三都瑠儀　ユミ
Yumi Mitsurugi

リョータの大学生の姉、親のシカゴ駐在中は東京郊外で祖父母と暮らしていた。

黒崎　賢一郎
Kenichiroo Kurosaki

ユミの指導教官、ゼミの准教授。地域のコミュカフェの創設に関わる。ときどき海外に行く。

ミハエル・クローゼ
Michael Klose
リョータと同年齢で今後ライバルになるドイツ人の少年剣士。父エッカートの前妻の子で、父から剣道とZenの指導を受け、剣は相当の腕前。

宮の森 有
Yu Miyanomori
剣道部部長、二段、中学3年生。

小宮 沙希
Saki Komiya
剣道部マネージャー、初段、中学2年生。

藤田 ダイスケ
Daisuke Fujita
75歳、コミュカフェの常連、実は剣道7段。

第1部

リョータのZen

1

帰国子女のリョータ

本当にやりたいことって何?

自分探しを始めている帰国子女のリョータが、禅のこころの世界に触れるきっかけになった老人との不思議な出会いのストーリーを、まずマンガで見てみましょう。

帰国したリョータ。2年ぶりに再会した姉ユミに誘われ自宅近くのコミュニティ・カフェに居場所を見つけるが、ひょんなことから坐禅講習会に出席。意味のわからないまま終わってしまう。

中学校に入学して部活選びに悩むリョータは、やったこともないのに剣道部の入部勧誘にひきずり込まれる。ちやほやされるリョータを面白く思わない入部志望者たちに『3対1』の無謀な立会いを迫られ、床に倒れ込むリョータ。そんな彼らを一喝したのは意外な人物で……。

20XX年8月　日本
成田国際空
Narita Airport Terminal
ねえさん来てるかな？
あ
リョータ！
ねえさん！
ユミ！
お父さん海外赴任お疲れ様！
ユミも日本でひとり、寂しくなかった？
大学のほうはどうなの？楽しい？
まだ1年目だからねぇこれからよぉ

Narita Airport Terminal1
さ、車のって！
早く帰ってお父さんたち荷物解かないとでしょ？
ありがとうユミ
ブロロロ…
リョータも久しぶりに日本の学校に通うことになるよね
シカゴでやってた空手、ちょっとは上達した？
この子ったらインストラクターのお姉さんに声が小さいってよく叱られてたのよぉ
何言ってんだよもちょっとシカゴにいれば黒帯取れたよ！
母さん、余計なこと言わないでよ
ホントは日本人だから向こうで空手かじってただけだけど…
日本では俺のやりたいことやりたいなぁ
くす

…つっても…
…自分が やりたいことって
なんだろ…
くす
珍しく しかめっ面 しちゃって…
くすくす
悩み多きお年頃 じゃのぉ？ リョータくん？
ねえさん うっさいよ

日本での居場所を作ってあげなくちゃねぇ……
ここよ！
地域のふれあいのためのコミュニティカフェ
ビルに挟まれた古い家を借りて
うちのゼミの准教授やってる黒崎さんが立ち上げたの
お年寄りから子供まで出入り自由！
ガチャ
みんな！うちの弟なのよろしくね！
ユミちゃんのおとうとー！
知ってるよ！ユミちゃんよくリョータくんのこと言ってるよ～
アメリカ行ってたんでしょ？
シカゴ～？
英語とかしゃべれるのかい？

コミュニティ・カフェでは、常連の老人藤田や地域の子供達とすぐ打ち解けて、英語で映画「マトリックス」の主人公のものまねをして喝采をうける。

姉のユミからおやつのクッキーを配るのを手伝うように言われたリョータ……。

えっ ねえさんがおやつを…？
まさか納豆関連じゃないよね？
あら、まだ納豆嫌いなの？
あ、電話 黒崎さんからだ
黒崎さん？
ゼミの准教授
このカフェ考えたひと
はい ユミです
え
手伝いの子が来ない？
うーん… わかりました 代わりの学生を手配しますね
！
ねえさん！ ぼく行けるよ！
講習会場～公民館
――何だか知らないけど 姉さんの作った得体の知れないもん食わされるよりましだ！
やぁ
きみがリョータくんかぁ

俺が黒崎や
ユミちゃんにはよく世話になっててな
今日は俺の叔父がやってる坐禅の講習会でな
君には受付手伝ってもらうで
にっこり
せっかくやから今日は君も坐禅をかじってみるとええ
ええっ?!
公民館～和室
今日はみなさん初心者ですから20分坐禅して5分休憩
こちらを3セット試してみましょう
後で感想を伺いますからそのおつもりで
あいたた
体が固くて坐禅が組めませ～ん
とりあえず坐禅を組むのは楽勝だけど…
ユーチューブもメールも見れないのは
正直キツイなぁ

――坐禅て禅の修行
なんだって
主催の人が言ってたけど
「禅」って
なんなのかなぁ？
ただ座ってることに
なんか意味あんのかな？
はい！
みなさん
そこまで！
じゃっ、今回
最年少の
三都瑠儀
リョータくんに
感想を聞きま
しょう
えぇーっ
えーっと…
夏休み明け
たとえ
校長先生の
話がどんなに
長くても
倒れないで
最後まで
聞けるように
よい練習に
なりました
どっ
ご苦労さん
初めての坐禅
足しびれた
やろ～
とんとん
あーそれは
大丈夫ですけど
ヒマでヒマで
体痛く
ないのか？
体柔らかいなぁ

日本帰って
早々
今日は
いろいろ
あったな～
ふぅ

会場の入り口ですれ違ったミハエル、
運命の出会いになる。
生真面目な感じだな…
ドイツ系？なんか…
背筋がピンと伸びて…
まるで…サムライみたいだ…
リョータは、翌年4月に中高一貫校のさくら学園中等部に入学をする。
翌年4月
中高一貫校　さくら学園中等部

リョータ～
おまえ部活何入る？
んーサッカーとかテニスとか無難かなぁ
アニメ見るとやってみたくなるよね
オレ、黒○のバスケ好き♪
いいねー
シカゴでもバスケしてる友達多かったんだよ
おまえ帰国子女だもんなぁ
英語ペラペラでびっくりした！
じゃ、またバスケやんの？
ううん俺、日本人だからって空手やらされてたもん
へぇ～！それじゃ、武道に興味あるよねぇ？
突然しつれい♪
ふわ
あたし2年の小宮沙希！
剣道部のマネージャーなの♪

剣道部はただいま絶賛部員募集中なわけ！
どう？
ちょっと見学してみない？
あっ俺は文系なんで……！
リョータ後でな～！
えっ！
きゅ
君は来てくれるよね～？
ぐいいいい
とりあえず見学だけでいいからね～？
～～～～～!!

部員募集中の剣道部の練習にむりやり誘いこまれたリョータ。進んで見学に来たわけではないのにみんなにちやほやされるリョータを見て、同じく入部希望で見学に集まった剣道経験者の1年生たちは、むかついてリョータにちょっかいをだす。

新たな登場人物

佐藤　優馬
Yuma Sato
リョータと同じ、さくら学園中等部1年生、既に1級の実力を持っており、喧嘩っぱやくコミック好き。

俺たち
剣道部入部
するんだけどさ
見学に
来たんだろ？
えっ？
えっと…
せっかくだから
ちょっと竹刀
持ってみねぇか？
大丈夫
道着も竹刀も
予備があるから
貸してやるよ
なぁ
ホントに
初心者
ぽいぜ
ホントに
やるのか？
俺たちは
経験者だぜ？
なめられて
たまるかって
これが
竹刀
こうやって
左手の薬指と
小指で支えて
右手は
添えるだけ
空手だと
寸止めだけど
剣道は
そうは
いかないぜ〜
だから試合じゃ
防具をつけるのさ
つけてても
痛えけどな

――なんていうか
空手とは違うな…
手も足も使わず
この竹刀一本で
相手と渡り合うって…
なんか心細い――
そうそう
そんな感じで打ち込んでみ？
足は右足を前にして
かるーくな
じゃ
行くよ！
ニヤっ
す
よし
いくぞ！
ヤッ

えっ
わっ!
ぐわっ!
うわああっ

ビュ
ガッ!!
どうだ
剣道なめてただろ
おまえになんか無理だよ
とっとと帰れよ
――…がう
…こんなの武道じゃない
は？
何やってんの!!

2　ハプニングで剣道部に入部

己事究明《こじきゅうめい》

見学中に無理やり竹刀を持たされコテンパンに打ちのめされたリョータ。そこにいつの間にか現れた謎の老人。そして老人と3人の立ち合いが始まるが、勝負は思わぬ方向へ。

立ち去る老人を追いかけ、リョータが着いたのは例のコミュカフェ。老人「ダイさん」は、剣道にまつわる歴史を語り、帰り際に「真正面から自分のころに向き合え」とある言葉をリョータに投げかける。

体験入部以来、剣道部から足が遠のいていたリョータだが、「本当に自分のやりたいことは？」

帰宅後も思い悩む。ふと起き上がり、坐禅を組んでリョータの下した決断は？

ご
ご家族の方ですか？
よいせ
そんなとこかな
どれ
ちょいと拝借
すっ…
わたしも3人相手でやってみたいんだが
にっこり
保護者とのトラブルはやばくない？
そうだな…
やけに落ち着いてやがる…
ただもんじゃねえのかそれとも単なるアホか…
どっちだ？

…やらせてやれ
やばそうになったら俺が何とかするから
ではよろしく頼むよ
なんだよ…
じーさん相手にやる気出ねーけど…
す
こんなん瞬殺だろ!
めん!
あ
ぽろ
ばさっ

こ
これは！
明日発売のはずの
週刊ジャブン!?
パン
パン
パン
面！
にやり
勝負
あったな
さて
帰るか…
とんとん
きっ
きたねーぞ！
じじ…
きたないのは
あんたたち
でしょーがっ！
ポカ
ポカ

きっ
貴重なジャプン…ー
えっ
いかんいかん
ああぁ…
すたすた
カフェに返さねば
ぽっ
今日はごめんね
また見に来て！
ほら手嶋も！
…そいつが来たかったら来ればいい
俺らに言われて決めることじゃねーだろ

その通りだ…
ペこっ
少し考えさせて下さい！
あ
じゃ、おれ、今日はこれで…
ガラッ
あのじじい…
最初は孫可愛さにブチ切れたタダのおじいちゃんとも思ったが…
あの3人を油断させた時それぞれ微かにタイムラグがあった
そのわずかな差を見逃さず順繰りに面を決めた…
まさか3人の動きを見切ってたとでも？

いや
ありえねぇ
秒どころか
コンマの動きを
見切られて
たまるかよ…
ま、発売前のジャブンみてーなレアもん落とされたら俺だって読みてーし
どっちにしろ勝負はハナっから決まってたわけか…
どしたの？
いや別に…
まってください！
コミュカフェ…！

あの…
コミュニティカフェにいらしてた方だったんですね
はっは 落ち着いて話したかったものでね
さっきはありがとうございました
いやいや こないだ物まねで笑わせてくれた礼だよ
笑うのが一番の健康法だからな
え？
あ こないだの…
オレ 三都瑠儀リョータっていいます
えっと…
ダイスケだからダイちゃんでいいよ
ダイちゃんて…
じゃ ダイさんて呼ばせて頂きます
あの ダイさんは剣道長いんですか？
あっという間に3人倒しちゃって…

剣道と いうのはね 一拍子が 大事なんだよ
いちにと拍子を とるところを 一拍子でいくんだ
そして 相手に拍子を あわせない
わたしは 戦国時代の剣聖 塚原卜伝《つかはらぼくでん》の 必殺技「一の太刀《たち》」に通ずるものが あると思うんだが
つ つかはら ぼくでん?
はは 一の太刀がどんな 必殺技か誰も 知らないんだがね
で 同じ戦国時代に もうひとり剣聖と 言われる人がいてね
み 宮本武蔵 とかですか?
彼より 前の人だよ
宮本武蔵も 素晴らしいが、彼の時代は 戦国時代が 終わってるからね
上泉《かみいずみ》伊勢《いせ》守《のかみ》信綱《のぶつな》 というひとなんだが 知ってるかい?
しょ しょーぐんとか でしたっけ?
信綱は 剣道の流派の一つ 新陰流を 始めたひと つまり「開祖」だ
戦国時代 上杉謙信傘下の 長野氏に仕え 武田・北条の 大軍相手に 武勇を誇り
長野十本槍と 讃え称された 剣豪にして兵法家 だったそうだ
信綱は 上杉謙信の 関東出兵に 助太刀し 一度失った 大胡《おおご》城《じょう》奪還を 果たしたり 大活躍なんだが

信綱には
こんな逸話も
残されている
一行が
諸国流浪
する中で
尾張のとある村に
着いた時
賊が村の子を
人質に立てこもって
いるところに遭遇した
村人たちは
何とかして
助けたかったが
下手に動けば
賊が子供を
殺《あや》めてしまう
かもしれぬと
ただ手をこまねいていた
これを見た
信綱は
居合わせた
僧侶から
袈裟《けさ》を借り
髪を剃って
賊の前に出た
「そなたも子も
腹を空かせて
いるだろう
どうかこの
握り飯を
食べては
くれぬか」
信綱は
賊に向かって
握り飯を
放り投げた
握り飯に
気を取られた
賊にすかさず
駆け寄り
あっという間に
取り押さえた
見ていた僧は
感動し
貸した袈裟を
そのまま
贈ったという

あ…
もしかして 今日 ダイさんが やったことって…
ニコ ニコ
お
こんな時間か
もう 帰りなさい
話が長く なったね
ガタ
どうだ
剣道部に 入ってみるかね？
ぐっ
ニッコリ
己事究明《こじきゅうめい》

禅の言葉だよ
剣は技だけではダメで心が大切なんだ
自分の心に真正面から向き合い
生まれながらの正直な心
「本当の自分」に目覚めるという意味だ
禅の世界では「自己本来の面目」と言うんだがね
ヴヴッ
本当の自分に
…自己本来の面目に目覚める
自分の心に向き合う…
真正面から…

その後、リョータは剣道部部長の宮の森やマネージャーの小宮沙希に誘われて、神田湯島剣道場でミュンヘン北辰一刀流初段のミハエルの試合を見学し、感銘を受ける。

リョータは剣道部への入部を決めかねていたが、ばったり出会った沙希に「もう一度だけ、見学に」と強引に誘われる。

その日は、宮の森に誘われていたミハエルが来校し、剣道部の猛者《もさ》と練習試合を行うこととなっていた。

練習試合のあと、ミハエルは以前に坐禅講習会場の前ですれ違ったことを覚えていて、リョータに握手を求め、将来「手合せするのを楽しみにしている」と告げる。

今日は時間なかったけど
手合わせするのを楽しみにしているから

彼の試合を見たんだろう？
どうだった？決め技は？
どうって…
俺の目にはただ勝ったってことしか…
会ったのはまだ2回目だし…
喋《しゃべ》ったのも初めてだったし
ほぉ
どこで初めて会った？
黒崎せんせーの知り合いの坐禅道場
これは…運命の女神の悪戯《いたずら》やな
くっくっ
リョータ
幸運を英語で言うと？
えっと…fortune?
ほなら運命の女神は？
女神？なんかのカードゲームのキャラであったような？
？
fortuna
ローマ神話に伝えられる運命の女神でfortuneの語源

リョータ
お帰り～
…本当に
いまの俺が
やりたいことって
何…？

剣道やりたいと思ってる？
──いや
俺なんか限界あると思う
あんなうまい人ばっかりの中でそれよりうまくなれるとは思えない…
じゃ
剣道部じゃなくて他の部に行きたい…？
でも
それもちがう
ちょっと見学してみない？
良い刺激になる、と思う
君にとっても
ね
俺らに言われて決めることじゃねーだろ

チャンスがあったら
自分の手ぇ伸ばして
がっちり掴んだれ
むく

ただ坐ってるだけじゃ何も起きないと思ってた
でもこうやって背筋伸ばして腹式呼吸すると
なんだか不思議だけど心が落ち着いてくるような気がして
真正面から自分の本当の気持ちと向き合おうとすると
自分が一番気になったことが
見えてくるのかも…
手合わせするのを
楽しみにしているから

彼にはわかって
しまったのかも
しれない
ほんの少し…
ほんの少しの
挑んでみたい
という気持ちが
もしか
したら…
俺も
努力したら
その境地に
近づけるんじゃ
ないかって
憧れが…
このまま
剣道に背を向けるのは
簡単だけど…
どんなもんだか
やってみるのは
無駄じゃない
どれだけ
剣道をやれるか
わからないけど…
多分
今を逃したら
別の道から
戻れない…

ガラッ
すいません
俺
剣道部に
入部します

3　ミハイルに敗れる

五輪書《ごりんしょ》

剣道部への入部を決めたリョータ。そして皆が驚く中、突然の交替で新たな顧問に就任したのは、ダイさんこと藤田ダイスケ7段。

伝説の猛者《もさ》が率いるチームともなれば6月の都大会での注目は必至となる。部員一同、稽古に打ち込む日々を送る中、ミハエルが陣中参りに顔を出す。

少し自信をつけ始めたリョータは、思い切って試合稽古を挑むが、その結果は無惨な敗北に終わる。

試合後コミュカフェに顔を出したリョータの沈んだ顔に、居合わせた黒崎はそっと宮本武蔵の『五輪書』を差し出した。

ぶんっ ぶんっ
今日はリョータの道具もほぼそろい全員でそろって稽古ができるようになったので
新しくご指導願える顧問が来られる
先生、どうぞ

間に合ったかな？
ダッ、ダイさん⁇
藤田ダイスケ顧問7段でいらっしゃる
伝説の猛者なのよ～
40年前の全日本剣道大会で警視庁の猛者相手に繰り広げた死闘は
惜しくも銀杯逃したけれど歴史に残る好試合と言われているの

藤田さんが率いるチームともなれば日本中から注目が集まることになる
まずは6月の都大会を突破するぞ！
はいっ！
肩の力をぬこう
手首のかえしが大事

腕を上げたな
リョータ
この調子なら8月の大会、ふたりとも出せるかもしれん
ま、まじっすか！
仕上がり次第だ
しっかり鍛錬しろよ
はい！
すみません 敵情視察に参りましたよ
ミハエル！
ミハエルの誠陵《せいりょう》学院も関東大会進出だよな
お互いがんばろーぜ
ミハエルは当然レギュラーなんだろ
はい
楽しみにしてます

あのっ
ミハエル…
俺、1級とったんだ
前に手合わせ楽しみにしてるって言ってくれたよね
えっ リョータ おまえ無茶だって
もう少し試合経験積んでからがいいよ
相手は初段だぞ？
でも俺…
この3か月どれくらい自分がうまくなれたか試したいんだ
ミハエル ダメかな？
俺は0Kだよ
やろう リョータ

す
落ち着いてる
いい感じだ…
つ
ジリ…
ジリ…
さくら
三
都乃

ッ！！
ダンッ！
のっ
外された！

空いてる！
勝負あり！
ミハエルの片手面！
やっぱすげぇなミハエル
リョータいい勉強になったじゃねぇか
片手面なんか、大人の試合でしか見たことねーよ
あれは決めるの力いるんだろ？ミハエル小柄なのに

相変わらずしけた面やな
センセーに言われたかありません
ほっとけや
はぁ
剣道で負けて腐ってるんですすよ
まだ剣道はじめたばっかやろ？負けてあたりまえやないか
それはそうなんですけど…剣道やろうと思ったきっかけのやつに負けちゃって
3か月、コミュカフェにも顔出さず練習頑張ったけど
これじゃ練習する前と同じだと思って…
そりゃドイツから来たって子のことか
…そうなんですけど

年の割にちっこい子なんやてな
その子の体格では初段とるまでこなした練習量や対戦数はハンパないはずや
剣道はじめてたった3か月のお前にあるのは背とリーチのアドバンテージだけやろ
そんだけで簡単に勝てるほど剣の道は甘うない
剣道やってない人に言われたくありません…

ごもっとも
なら
一介のおっさんの
アドバイスとして
聞いときや
参考になると
思うで
五輪書
す

そやっ 返す時は もう1冊 いらん本を 持ってきてな
OK little free library 方式だね
K.O…
ぺら…
元の 持ち主かな
K.O
だいぶ くたびれてるなぁ
きっと、何度も 読み返したんだ…
俺も… 読んだら 答えが 見つかるのかな…
お、もうこんな 時間か！
あかん 講義遅れる からお先！

カラン…
——ダイさん
『五輪書』って知ってますか？
無論知っとるよ どうしたのかね？
ミハエルに負けて腐ってたら黒崎センセーに勧められたんです
武蔵って有名だけど実際どんな人だったんでしょう？
ふむ…
『五輪書』は読んでみたのかね？
はい…
『五輪書』は地水火風空の五の巻からなり…

宮本武蔵は晩年になって
自ら剣禅一致の境地を会得して
『五輪書』を書いた
武蔵は13歳の頃から
20代後半まで
60回を超える真剣勝負を行い
全ての戦いで勝利した
その後
この経験をもとに
兵法の真髄を研究し
また書画、彫刻、茶、連歌など
文の道にも分け入り
禅修業のために洞窟にこもり
死の直前60歳の時に
一気に『五輪書』を書きあげた
剣禅一致の境地は
水の巻や空の巻に見られる
目の付け所は
観《かん》の目（全体をみる目）つよく
見《けん》の目（局所をみる目）よわく
心の持ちようは
意のこころ軽くし
心を水にして事に応ずる
武蔵以外でも
ほとんどの剣の
奥義書には
禅のこころが
示されている
前に話した
柳生新陰流の
上泉伊勢守信綱
それを受け継いだ
柳生《やぎゅう》石舟斎《せきしゅうさい》宗厳《むねよし》
息子の柳生但馬守《たじまのかみ》宗矩《むねのり》
なども同じく
同時代に
禅の境地を
剣に生かした
宗矩は三代将軍
徳川家光のもとで
兵法指南役を務め
躍進して大名に
なった男で
柳生十兵衛の
父に当たる
彼の著した
『兵法家伝書』は
『五輪書』と並ぶ
二大武道書だ

4 剣の極意に近づく
不動智《ふどうち》

ダイさんは宮本武蔵とともに柳生宗矩《やぎゅうむねのり》についてリョータに説明し、「リョータには難しいかな」と言いながら柳生宗矩を指導した沢庵禅師《たくあんぜんじ》の『不動智神妙録《ふどうちしんみょうろく》』を勧めた。

読書を始めたリョータは次第に不思議なこころの世界に惹き込まれていく。日も落ちゆく中、ふと気づくとリョータの目の前には見たこともない光景が広がっていた。

山門、仁王像、そして前を歩く老僧に問おうとするが、振り向いたのは……。

2冊の本との出会いが、リョータの運命の歯車を大きく動かし始める。

武蔵と宗矩は全日本剣道連盟が設けた剣道殿堂でも「別格剣聖」として扱われているんだが
宗矩には沢庵和尚という指導者がいてな「不動智神妙録」を書いて宗矩に送っている
これは武蔵や宗矩が兵法者の見地から剣禅一致の境地を著したのと対照的に禅者の見地から剣禅一致の真理を語るもので興味深い
だがちょっと難しいから
いまのリョータには無理かな
ぽそ
とぼとぼ
カラン…

ちょっとダイさん！
お前には無理だなんてかわいそうじゃん！
ナイーブな年頃なんだよ？
うふ
若い人に本を読ませたければ直接すすめてはならん
それとなくその本を誉める
「すると彼らは自分でさがし出す」
カラン…
G.C.リヒテンベルク『アフォリズム』
あアホ？
18世紀の物理学者の言葉でね
彼の信奉者はゲーテやニーチェとそうそうたる面子だよ

すっごい！
ちょっと
うちの子に
試してみる！
バタバタ
カランカラン
さて
ダイさんの
策略通りに
行くやろか？
あの子は好奇心
旺盛だからね
いま頃
読みたくて
たまらなく
なっているはずだ
くす
ほな
わては
「あきらめて
ふて寝」に
たい焼き1個
賭けましょか
その賭け
乗った

武蔵の『五輪書』…
剣禅一致の境地…
ふだんも
立ち会う時も
常に平常心で
心は広く
真っ直ぐに
張りつめず
ゆるめず
偏ることなく
心を真ん中に
置いて
そして
静かに心を
揺るがせる…
一瞬も
やまぬように…
体は心にとらわれず
心は体にとらわれず
勝つために戦いつつ
勝ちにとらわれない…
なに
ボーーっと
してるのよ
ね
ちょっと買い物
行ってくれない？

ねえさん
沢庵和尚の『不動智神妙録』って知ってる？
俺には難しい本かなぁ？
あー？そういえば前に黒崎さんに頼まれて図書館で借りたことあるかな
別に文章自体は現代語訳借りてくればそんなに難しくは…
じゃ それ借りてきてくんない？
ちょっと読んで見たいんだけど
いいわよ
その代わり買い物行ってきてよね！
納豆3パック！
ゲッ
不動智神妙録

沢庵和尚の『不動智神妙録』…
確かに文章自体は難しくはないんだけれど…
中身をわかるには深くて難しいな…
「不動智」…
それを体現する不動明王や仁王の姿…
寄せ来る魔王をはねかえす決意…
どんな誘惑にも揺るがない強さ…
心は四方八方前後左右と全体に睨みをきかせながら
なにかひとつのことにとらわれることなく自由な境地「不動智」…
CHICOGO BOLLS

「無明住地煩悩《むみょうじゅうちぼんのう》」…
勝負であれば…
心がとらわれると
迷いを生み
打ち込まれてしまう…

ザザッ
えっ
ダイさん？
くるっ
あのっ
待ってください
ダッ

我が名は
沢庵禅師《たくあんぜんじ》
剣道で強くなるためにはどうしたらいいですか？
何かキーワードみたいなものがあったら教えてください

「不動智」
不動といっても
石や木のように
固まってはダメだ
コマは
ビューンと回すと
一か所にピタッと
とどまって見える
ビュー……ン
これは
とどめているのではなく
100%活発に
動いている結果だ

心を一か所に とどめないで 動の極地に置く
その状態を 「不動」という
剣を構えて 心を相手に置けば 相手に心を取られ
心を自分の 剣に置けば そこに心を 取られ
目に置けば 目に取られ 足に置けば 足に取られ
心がとどまると そこに意識が固まって 自由度を欠き 相手に一本 取られてしまう

――「間髪を入れず」とは
手を打てばそのまま「はっし」と音がしてその間に髪の毛一本の入る余地がないこと
心をとどめないからこそ隙のない技が出せる
ふだんも立ち会う時も
常に平常心で
心は広く
真っ直ぐに、
張りつめず
ゆるめず
偏ることなく
心を真ん中に置いて
そして
心をとどめずに働かせる
一瞬もやまぬように…
体は心にとらわれず
心は体にとらわれず
勝つために戦いつつ
勝ちにとらわれない…

心はどこにも置かなければ
心はすべてに働く
「応《おう》無《む》処《しょ》住《じゅう》而《に》生《しょう》其《ご》心《しん》」
「まさに住する処無くして
其の心を生ず」
100%心を動かす
「動の極地」で心のエネルギーを高める…！

これが
剣の極意だ
リョーオーターッ!!

5　大会メンバーに選ばれる

無我無心《むがむしん》

『不動智神妙録』に惹き込まれ、ついコミュカフェで寝入ってしまったリョータを一喝したのは姉のユミ。安堵して涙ぐむ姉に「こんなにすぐ泣く性格だったっけ」と、両親や弟と離れてひとり日本に暮らしていたことに思いをはせるリョータ。

東京大会のメンバー発表が近づく中、そこに思いがけない事件が勃発。そして藤田顧問と宮の森が相談して発表された東京大会メンバーには、剣道を始めて3か月のリョータが抜擢される。しかし、リョータはメンバーに選ばれて固くなり、思うように体が動かない歯がゆさから大きな不安を感じていた。相談された部長の宮の森は、リョータにある方法を提案する。

その方法とは？

そして内心ではその提案が正しかったのか迷う部長。そこに藤田ダイスケ顧問が登場し、リョータに、ある剣士の逸話をぽつぽつと語り始めた。そして勝負のコツは無我無心にあると説いた。

主要メンバーが怪我？
はい
2年の進藤が抜けた穴をどう埋めようかと
俺と手嶋と 1年ながら剣道歴の長い佐藤と浜田を考えてるんですが
あとひとり…
俺は最近の三都瑠儀の様子を見て
剣道歴が長いだけの2年より期待できると思ってます
ただ問題なのは試合経験の少なさですが…

三都瑠儀は剣道はじめてまだ3か月です
大会の雰囲気に押されて力を出せないかもしれないしそれなら他の2年を使ったほうが無難かも知れません
顧問はどうお考えになりますか？
そうさなひとりの生徒を贔屓するわけじゃないが
わたしは伸び盛りの三都瑠儀君に経験を積ませるのがいいと思うね
酷なことを言うが彼は負けても当たり前の若輩だ
その彼がもし勝てたら団体戦において精神的に優位にたてる
彼が負けても他のメンバーが補う気持ちで戦えばよい
どうかな？
はい
リョータってホントものまねうまいよな！
ユーチューブの歴史ダンスやってよ
うめー！
ぎゃはは
ただもんじゃねーよ
みんな！集まってくれ大会のメンバーを発表する

関東大会の団体戦メンバーを発表する
佐藤、三都瑠儀、浜田、手嶋、そして俺、宮の森だ
進藤のようにメンバーにいつ不測の事態があるかもしれん
ほかの部員もおこたりなく稽古に励むように
どよどよ
やっ
リョータ！もしかしてとは思ってたけど
選抜入れてよかったな！がんばろうぜ！
ありがとう
浜田も頼りにしてるぜ
こんなふにゃっとした顔して何回も大会出てるしよ！
ふにゃ
えー
早速打ち込み稽古しようぜ
リョータは試合の場数ふまねーとな

すっ
心をどこにも
置かず
静かに
常に動かし
続ける…
今日は
佐藤はどう
打ち込んで
くるかな？
最近試合で
有利な小手に
力入れてるって
言ってたけど…
じゃすこし
小手をあげて
打ち込まれ
にくく…
ぱっ
はっ

メーン！
一本取られた！
おっ
久しぶりにリョータから一本取ったな～
どうしたどうした
もう一回！
じゃ、今度は俺とやろ～
面！
浜田一本！

心をどこにも置かず
静かに常に動かし続ける
口で言うのは簡単だけど
いざとなるとどうやったらいいのか…
三都瑠儀
ちょっと立ち会おう
よろしくお願いします
やはり…
大会メンバーに選ばれて固くなってるな…

ジリ…

部長一本
反応はいいんだが…
動きに戸惑いがある感じだな
余計なこと考えちゃったような
どうかな最近思うような剣道できてるか？
正直…
焦るばかりで自信ないです
――三都瑠儀の進歩は客観的には驚異的だ
十教えて一しかわからない奴も多い中
彼は一教えれば十、いや百を悟る
この呑み込みの早さは尋常じゃない
そもそも初めて出る俺が大会で勝てるんでしょうか…

実力を出し切れば勝算は十分にある
だが、いかんせん初めてではがちがちになるのも無理はない
あと1か月ではいかんともしがたいか…
三都瑠儀 家にパソコンはあるか？
父のならありますけど
付け焼刃だがやってみる価値はある
三都瑠儀 本来のお前なら大会で勝つのは無理じゃない だが気持ちが追いついてない 気持ちと体を一致させるにはひたすら鍛錬しかないが今回時間がない
そこでだ

あくまで
限られた時間で
自信をつけるための
付け焼刃かも
知れないが
おまえ、
モノマネ
得意だろ？
今思いつく
目標とする
剣士は？
ミハエル…です
それなら
話しは早い
お前の好きな
ユーチューブに
いくらでも
転がってるはずだ
閲覧回数が
多いものを探して
ミハエルの動きを
完全コピーしてみろ
ガラリ
リョータ
ちょっと
おいで

今回リョータも
大会に出場する
ことになったが…
宮の森君が
心配していたよ
どうかな
調子は？
正直言って
全然よく
ないです
部長は
いっそミハエルの
真似してみたら
どうかって
言うんですけど…
ふむ…
不服かね
なんか…
自分の剣道じゃ
ないんじゃ
ないかって…
なるほど
ちょっと
おもしろい
逸話が
あってな
むかし
ある剣に覚えの
ない人が真剣の
果し合いを
申し込まれたと

断れば武士道に背く
その人は剣の達人に相談し
「自分は素人なのでこの果し合いに自信がない
しかし死ぬことを覚悟しているので
せめて立派に武士として最後を全うできる方法を教えてください」と願った
その達人は答えた
真剣勝負の場で剣を振りかぶり
相手の打ってくる気を感じたら
無心で振り下ろしなさい
その人はどうなったんですか？
相手が打ち込んできた瞬間
つまり自分が斬られる瞬間が最も相手が無防備になる時なのだそうだが

剣の達人は
自らが倒される瞬間の相手の隙を狙えと教えた
当然自分がやられる前提で相手を倒すわけだから
うまくいっても相打ちなわけだが
その侍はただ無心に目をつむって
死ぬ気の捨て身で相手の打ちこみを待って大上段に刀を構えて集中していた
すると相手は相当な剣の達人であったがとうとう打ち込むことが出来なかったそうだ
勝負事は本来勝って生きねば意味がない
けれどもこの侍は生を捨てた故に生を得た
剣道をするリョータが一番恐れてることは何かな？
…負けることだと思います

では負けることを恐れずに試合に臨《のぞ》みなさい
君はまだ剣道を初めて3か月だ
同年とはいえ優れた先輩の技をまねることは決して卑怯な事ではない
小さな自分を捨てて「無我無心」になり
ミハエルになりきって剣を振るってみることだ
「無我無心」我を無にし心を無にする
「放てば満つる」というのもあってな
大事なものは執着すると消えてしまう
思い切って放りだせば自然に手に入る
「自己本来の面目」も自分をいったん忘れないと会得できないものだよ

6　Zenのこころを知る
弓と禅

関東大会では、団体戦でミハエルの属する中学との決勝戦まで進んだ。そこでもリョータは健闘し、先鋒として一本勝ちして注目を集めた。藤田顧問の「無心で打ち込め」というアドバイスが功を奏したようだ。ミハエルの中学は、翌週の全国大会でも優勝したが、家族づきあいの仲のドイツ記者ノイマンは、ミハイルから聞かれて「リョータの戦いぶりが印象に残った」と伝えた。

ミハエルは父エッカートと相談し、自宅で大会で健闘した2人のためにディナーを開いてもらった。ディナーにはクローゼ家族のほかに、もうひとりの客人がいた。

もうすぐ夏休みも終わりだな…
ミハエルからラインきた…
アイスバインを食べに来ないか？
よく来たねリョータ
今夜はゆっくりしていってくれ
Will Kommen
こっちはうちの父と母
エッカートとレイコだ
今日はもうひとりお客がいる
近所にお住まいなのでお声掛けしたら喜んでって
こちらは今日本に滞在中のリュポミルさん

こんばんわ
始めまして
ポーランドから来ました
あ…
三都瑠儀リョータです
よろしく
えっと
若いのに
あの頭は……
リュポミルさんは
ポーランドでは
知られた
立派な禅者なんだ
「立派な」は
余計です
アイスバインて
美味しいですね
ありがとう
ドイツの家庭料理なんだけど
豚肉を塩漬けにして
塩ゆでしてるのよ
簡単な割に
手が込んで見えて
助かるのよね
ポーランドでも
Zenが知られてるって
スゴイですね？
ポーランドでは今年も
30人ほど集まって
摂心(せっしん)という
1週間の坐禅会を
やりました
ポーランドだけでなく
フランスやオランダ
ドイツ、米国など…
Zenは日本の人が
想像するよりも
はるかに世界で
受け入れられて
いるんですよ

ごちそうさまでした～
うちは私もミハエルもZenを嗜《たしな》むんだが
リョータくんはミハエルとはじめて会ったのが禅道場だったそうじゃないか
どうかな、折角リュポミルさんもいらっしゃることだし4人で坐ってみないかね？
リョータは坐禅は経験済みだよね？
うん ひと通り説明も受けたんだけど時間が経つのがやたら遅かった
あはは 初めての時はそんなものかも知れないね
坐禅は足を組んで坐り身体を調えること（調身）と呼吸に専念することにより心を調えること（調心）から始まる

調心の手段としては数息観《すそくかん》（呼吸の数を数える）や随息観《ずいそくかん》（息の出入りに集中する）から入る
規則的な呼吸を行うことにより三昧（サマーディ）の境地に達する
それだけで身体的には丹田が暖かくなり自律神経は活性化する
すぅ…
摂心《せっしん》会のように終日坐り続けることにより
環境変化に動じない定力《じょうりき》（禅定力）がついてきます
素晴らしい心的境界が開けるとともに
意識は宇宙的無意識にまで広がり
真理の直観（気づき＝悟り）を体験する
Zenは瞑想の一種 要は無になるということなのです
呼吸に集中して無になる…

小さな自分を捨てて「無我無心」になり
ミハエルになりきって剣を振るってみることだ
こころを一か所にとどめないで動の極地に置く
その状態を不動という
なんだか…
眠気が覚めてきた…
頭がすっきりして
CHICOGO BOLLS
爽快感があるのに
ゆったりリラックスした気分…
これが…
こだわりがなくなって
こころをとどめないということなのかな…

帰り際にミハエルは、オイゲン・ヘリゲル著の『弓と禅』という1冊の本をリョータに手渡した。

帰宅したリョータは、母に便箋と封筒をもらい、藤田顧問に手紙を書き始めた。信綱が流浪の旅に出た理由、ミハエルが教えてくれた殺人刀《せつにんとう》と活人剣《かつにんけん》の意味。1日も早く知りたくて、質問を書いた手紙を、角のポストに投げ込んだ。

『五輪書』、沢庵禅師の不動智の教え、『弓と禅』といった新しい知識、そして剣道の稽古で得た無我無心の体験……リョータの脳裏に様々な場面が浮かんでは消えた。何かが繋がりかけている気もするのだが、説明しろと言われてもできない。悶々と悩みをかかえたまま、ベッドに大の字で倒れ込んだ。

■オイゲン・ヘリゲル著『弓と禅』について

オイゲン・ヘリゲルは戦前1924年から29年まで東北大学で教鞭をとったドイツ人の哲学者で、師について弓道を学び、その真髄にあるZenの心に気づき、そのことを同書で解説している。彼の弓の修行経験の中で、もっとも感銘を受けたのは師が暗闇の中の的を射た事実であった。

（同書から要約すると）「師は、夜に私を呼んで、しばらく沈黙の対座をしたのち、的がぼんやり見えるよう蚊取り線香を砂地に置かせたうえで、暗闇の中で弓を構えた。師はいつもどおりの礼法で弓をつがえて矢を射、矢は真暗闇の中へ飛んで行って、的に当たったのが炸裂音でわかった。二本目の矢もまた当たった。明かりをつけて確認すると、第一の矢が的の黒点の中央に当たり、二の矢が一の矢の筈《はず》を砕きその軸を裂き割って、黒点に並んで刺さっていた。私は唖然とした。……師は、この射の成功は私がなしたことではない。『それ』が射たのだと述べられた。」

オイゲン・ヘリゲル著『弓と禅』福村出版刊から

7　Zenのこころを深める

禅と日本文化

リョータの剣道も上達し初段に進んだが、ミハエルも二段に昇段し、ライバルに再び突き放される。

11月半ば、藤田顧問からリョータに、手紙を読んだので話をしたいと連絡があった。場所は、点検日で練習が休みの体育館であった。

藤田顧問は、『禅と日本文化』（鈴木大拙著・岩波新書）という1冊の本を携えてきた。同書は、昭和15年の刊行以来版を重ね、70年以上の歳月を経て今日もなお読み継がれている。

もともと、著者が欧米人に行った講演をもとにして英文で書かれたものであり、その意味でかえって現代の若者にもとっつきやすい内容になっている。

ダイさん
前にミハエルと話してて殺人刀《せつにんとう》と活人剣《かつにんけん》の話が出たんですが
それってなんでしょうか？
信綱が戦国武将の道を捨てたのと関係ありますか？
活人剣と殺人刀は基本的には禅の用語で『無門関《むもんかん》』や『碧巌録《へきがんろく》』などに出てくる

師匠が弟子の指導に用いる活殺自在《かっさいじざい》の手段であり
相手の自由を奪って許さない手法が殺人刀で
相手に自由を与えてそれに対応する手法が活人剣なんだが
剣の奥義(刀法)としても多くの流派で使われ
柳生新陰流では自己を立てて相手を封じ込めて勝つ刀法を殺人刀
相手に自由に行動させそれに自らを適応させて勝つ刀法を活人剣と言い
相手に攻めさせてそれに適応する「後の先」の刀法
または「先々の先」の刀法とも言う
例えば
素手で相手に対してその剣を奪って制する「無刀取り」もそれだ
活人剣を振るう時には
全体を大きく見る「観《かん》の目」が重要となる

※「うらやか」は現在はあまり使われない日本語ですが、『五輪書』の中に明記されております。その意は「ゆったり」と解釈できますので、本書ではそのニュアンスを感じ取っていただくために、「うらやか」を採用しました。

ミハエルは
戦国武将になる道と
真理を世に伝える
道の違いを
殺人刀と活人剣に
例えたのだよ
今度
いい本を
進呈しよう
半世紀以上
前に書かれた
本だが
世界的に
読み継がれて
いる名著でな
中学生の
君には少し
早いかも
しれないが
これからの人生
悩むことも
多かろうと思う
そんな時
その本が
道標のひとつに
なればいいと思う
より高みに
達することを
目指すための
こころの鍛錬の
修行としての
Zen…

俺……
剣道を始めた時
強くなんか
なれないだろうって
ダメもとで始めたけど
やりだしたら
試合に勝てたりすると
面白くてもっと
強くなりたくなって
そのためには
気持ちが大事だとわかって
剣道の根っこにある
Zenのこころが知りたくなった
強くなっても
力ずくの剣法では
勝ちきれない
相手と共に生きる
活人剣のこころが
必要なんだ
信綱みたいな人は
道を究めた
ひとなのかも
Zenのこころを通して
見える道を進むことで
俺もそんなふうに
なれるだろうか…

――ダイさんから本が送られてきたけど…
どーん
禅と日本文化
また難しそうな本が…
禅と剣道の章…
パラ パラ
「うつるとも月も思わず
うつすとも水も思わぬ広沢の池」
月は水に映ろうと思っているわけではない
水も月を写そうとは思っていない
水のように無心で物を見
月のように自然体でいること

剣道の各流派では「水月」(水中の月)が奥義書で示されてる
水のあるところいかなるところにも月が「無心」の状態でスッと映る
その映り方を会得することに剣の極意があるとされている
また柳生新陰流の免許皆伝の目録の中に「西江水《せいこうすい》」の一句が入っているという
ある禅の問答で弟子の質問への師匠の応えが
「お前が西江の水を一息に飲み干したら答えてやろう」というものであったが
真理を求めるなら自然とひとつになるごとく
湖の水を一気に飲み干した心身の活気が通身に満ち渡った無心の境地を求めたものであるという
柳生宗矩も口伝書で「西江水、心を定め、だんぶと水に入りて
敵を飲んで不動という心也」と記している

『禅と日本文化』の第一章
「禅の予備知識」の出だしは
「禅とは夜盗術を学ぶに似たるものだ」という逸話から始まる
年老いた夜盗の父が
その息子に仕事を覚えさせるために
ある時 息子を夜盗に連れて行き
騙して長持ちの中に閉じ込めて
ガタ ガタ
どろぼ
自らは「泥棒だ」と大声で叫んで逃げ出した
これは息子が自力で危機一髪窮地を脱して逃げ帰る中で
どのように臨機応変の決断と行動を学ぶか
実地の教育方法であった
禅を学ぶ、とはそれと同じことだという
すげぇスパルタだな…

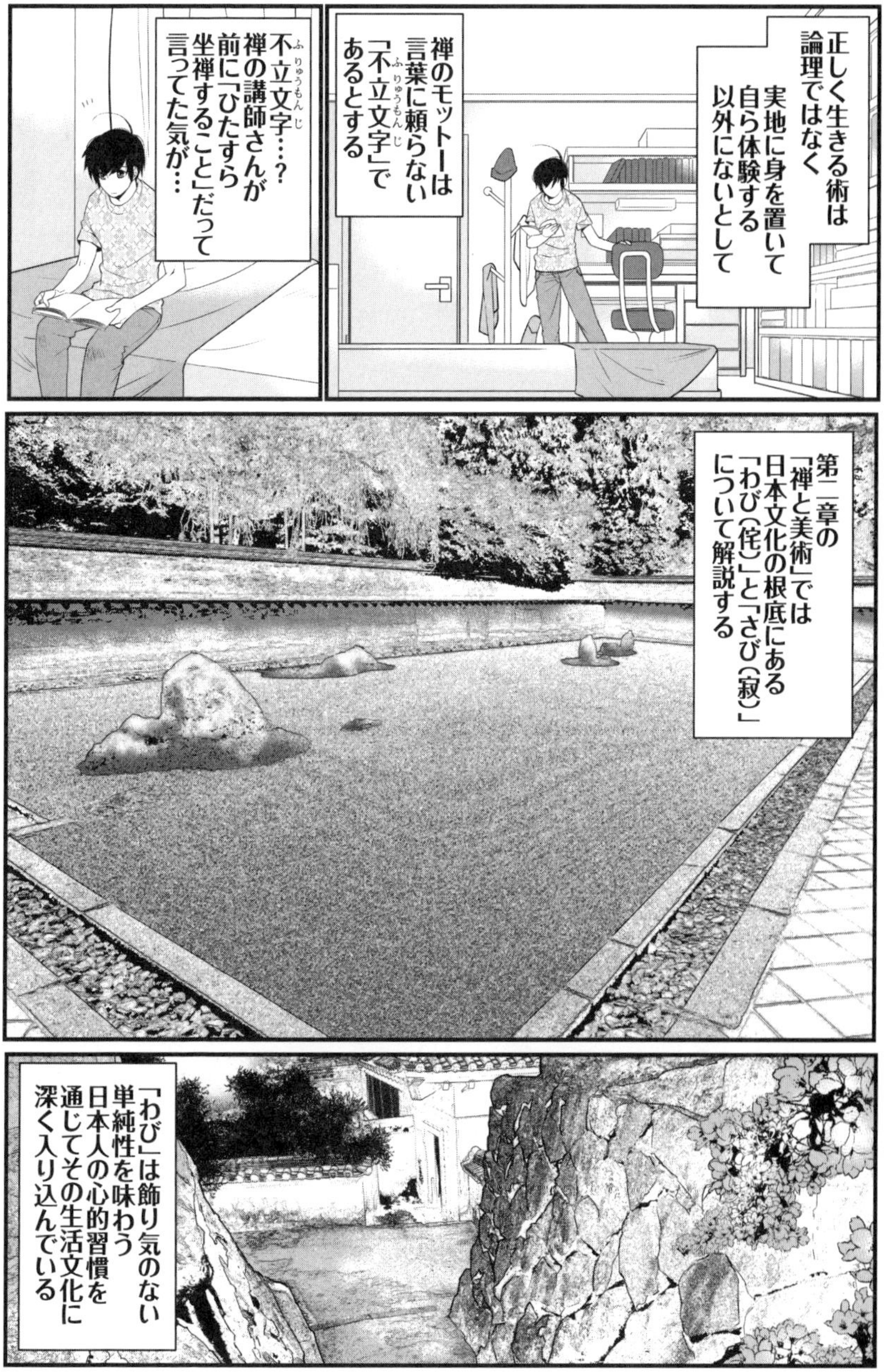
正しく生きる術は
論理ではなく
実地に身を置いて
自ら体験する
以外にないとして
禅のモットーは
言葉に頼らない
「不立文字《ふりゅうもんじ》」で
あるとする
不立文字《ふりゅうもんじ》…？
禅の講師さんが
前に「ひたすら
坐禅すること」だって
言ってた気が…
第二章の
「禅と美術」では
日本文化の根底にある
「わび（侘）」と「さび（寂）」
について解説する
「わび」は飾り気のない
単純性を味わう
日本人の心的習慣を
通じてその生活文化に
深く入り込んでいる

雪舟など禅宗画家の絵や水墨画などに見られる
非均衡性、非対称性、単純性等の日本文化の特質は
己即他、他即己の禅の真理を
中心から認識することに発するという
よくわかんないけど…
確かになんかかっちりした西洋絵画に比べると
なんか日本の昔の絵って地味だけど味があるっていうか
全然違うけど
くす
教科書に鳥獣戯画とかって昔の漫画が載ってたよな…
漫画文化が海外でもてはやされてるけど
日本て昔っからそんなに変わってないのかも…

なんか
海外のアニメも
日本のアニメと
ちょっと違うんだよな
海外のはストーリー重視って気もするけど、
日本の漫画って
主人公の気持ちとか
すごく重要だったり…
自然が
語りかけてきたり…
パラ…
第三章の「禅と武士」では
元寇の際蒙古軍を打ち払う決断をした北条時宗の意志力の背景に
仏光国師《ぶっこうこくし》から学んだ禅の力があったことに触れている
元寇、こないだ歴史で勉強したばっかだったなぁ…
通説では台風で元軍が撤退したって言われてたけど
実際は鎌倉武士が相当がんばったらしいって

その頃、中国は元と南宋に分かれてて
日本には何度も元から投降するように遣いが来てたんだよね
元に南宋が滅ぼされるといよいよ元の侵略の矛先は日本に向けられることになって…
鎌倉幕府の執権北条時宗は
三〇数年の短い生涯の中で
日本を背負う重圧に禅の精神で耐えていたのかも…
元に滅ぼされた南宋からは沢山の禅僧が渡ってきていたってセンセイが言ってた…
禅が武田信玄上杉謙信伊達政宗など
武将や武士の精神的よりどころになったのはなぜか?
それは禅が「生と死の問題」を正面から扱い
死に直面することを迫るものだからである

昨今「武士道」が脚光を浴びているが
武士道の根底にあるのが生死の問題を超克する禅のこころなのである
サムライって言えば切腹も思い出すよね
責任取るために自分で切腹するとか…
すさまじい世界に生きてる武士にとっては禅の精神てすごく大事なものだったのかもなぁ…
第四章は剣と禅の関係について…
やっぱり剣道と禅は密接なつながりがあるんだなぁ
ここはあとでゆっくり読むとして次は…
第五章「禅と儒教」――

「禅と儒教」では
中国宋代の禅と
朱子学の関係から
智
義
礼
仁
信
四書集
江戸時代の日本において
禅と儒教と神道が
どのように相関し
相互に影響しあって
日本文化の基礎を
固めていったかが
述べられている
儒教って
中国から来た
もんだったよね
朱子学って
その一派
なのかも…
ウィキ…
神道は
もともと日本の
ものでしょ
江戸時代で
日本人の
こころの中でミックス
したんだ…
なんか日本て
なんでも海外から取り入れて
そこにオリジナリティを
加えるのが得意だよなぁ
いま海外の人に人気の
ラーメンとか餃子は
もとは中国から
来たもんなのに
いつの間にか
日本ならではの
アレンジになっちゃって
独自のものに
なってたり…
カステラ
ラーメン
コロッケ
ナポリタン

海外では
オムライスなくて
びっくりしたしな
なんか…
うまく言えないけど、
インド、中国、日本と
Zenが伝わって
それぞれの特色が加わり
いまや日本発のZenが
オリジナリティを持って
世界に広がっているのかも
しれない——
それって
言葉で表せる
ものではなくて
Zenでひたすら
坐禅を組んで
体感したり
剣道で鍛錬を
積むことによって
自分なりに
なんなのか
見えてくるような
気も…
パラ…
第六章の
「禅と茶道」では
中国から茶を
持ち帰った
栄西以来
禅僧が茶を伝え
一休、珠光、利休と
つないで
茶の湯が
完成された
歴史を記述し

「和、敬、清、寂」という茶道の精神と禅との関係を解説している
そういえばシカゴでも学校に茶道の人が招きに来てくれて…
クラスメートのみんなも初めて見る茶道具には興味津々で
お茶は苦かったけど…
床の間の掛け軸…
生け花…
渋い道具の数々…

いま思うと
その一つ一つに
Zenのこころが
込められていたのかも
しれない
お茶をたててもらって
飲むあの静寂の
ひと時は…
もしかして
大事なもの
だったのかも…
第七章の「禅と俳句」では
「悟り」と「宇宙的無意識」
について論じ
直感、直覚、孤絶、
風雅等の言葉で
俳句と禅の不可分の
関係を説明する
古池や
えっ
俳句まで
Zenと関係あるんだ〜
松尾芭蕉の
「古池や
蛙飛び込む
水の音」は
もともと禅の修行を
していた時の
禅問答に発しているという

芭蕉がその師
仏頂和尚のもとで
参禅していた頃
和尚が
「今日のことそもさん
（近頃どうしているか）」
と問うたのに対し
芭蕉は
「雨過ぎて青苔湿《うるお》う」
と答え
仏頂がさらに
「青苔いまだ
生せざるときの
仏法如何」と
問うたところ
芭蕉が
「蛙飛び込む
水の音」と
答えたという
「古池や」は
あとから一七文字の
俳句にするため
付加されたという
ことのようである

むっ
むずかし～っ
ただ
カエルが池に
飛び込むだけの
俳句かと思ったら
なんだかものすごく
深遠な意味が…！
ぱら
禅とは夜盗術を
学ぶに似たる
わびとさび
禅と武士
剣と禅
禅と儒教
禅と茶道

昔の日本のことなんて過ぎ去った過去のことで
いまの俺には関係ないことかと思ってた
でも昔からZenのこころは日本の文化に脈々と受け継がれて
いまの俺にも道を示してくれるのかも
礼
仁
信
四書集
朱子
朱子
朱
まだ俺には難しすぎてきちんとわからないけど…
広く日本文化の底にZenのこころがあるのはなんとなくわかった気がする…

禅と日本文化

8　リョータの未来

剣禅一如《けんぜんいちにょ》

リョータは久しぶりにコミュニティカフェに顔を出したが、そこでは深刻な問題が生じていた。思わぬ出費があり、家賃が足りない事態となったのだ。

リョータは、皆と相談し、作戦本部を立ち上げ、鳩首協議した。考え付いた作戦は、カフェの貸し主の会社対カフェの「剣道チャリティマッチ」で勝敗を競うとともに、観客を動員し、カンパやクッキーの販売による収入で問題解決を図ろうとする案だ。

会社側には四段がいるので、カフェ側も助っ人を1人出してもよいことになり、ミハエルの父エッカートが大将と決まった。しかしエッカートは、ドイツで大規模なサイバーテロが発生して急遽来日できなくなった。藤田顧問はやむなくコミュニティカフェの責任者である黒崎を代理で出すことにした。

試合の合間にミハエルがリョータに向き直った。

「ドイツ本国で大規模なサイバーテロが同時多発したらしい。父の銀行もターゲットになり、責任者は会社で待機を命じられてしまった」

「そ、それで……」

「藤田さんに相談したら、代わりに黒崎先生を大将にたてろと」

「海外行ってたんじゃ!?」

そう話すふたりの背後から黒崎が声を掛ける。

「昨日帰ってきたばっかりで時差ボケだけど。まあミハエルのおとんと体格同じで道着が合ってよかったわ」

黒崎の道着をよく見れば名前の刺繍の部分だけ布が違う。

剣道部マネージャーの沙希も交代を聞いてから慌ててデータに当たっているものの、検索すれど大阪出身の黒崎賢一郎という選手が大会に出たという記録は見当たらない。

対戦は、大将戦までもつれ込み、カフェ側の不安は最高潮に達した。そこで出場した黒崎の構えは? これぞ一刀正伝無刀流《いっとうしょうでんむとうりゅう》、勝負は黒崎の強烈な面で決まった。

団体戦はカフェチームの勝利。ささやかな祝勝会がカフェで開かれた。ジュースで乾杯する一同。黒崎の強さや過去の戦歴に質問が殺到するが、のらりくらりとかわす黒崎に、ダイさんが代わりに口を開いた。

「一刀正伝無刀流は、山岡鉄舟《てっしゅう》が開いた流派だね。山岡鉄舟も勝海舟と同じように、『幕末から明治にかけて生きぬいた力はただ禅と剣の二つの修行から得た』と述べている」

■山岡鉄舟の一刀正伝無刀流

山岡鉄舟は、徳川家の家臣で、幕末に江戸から静岡まで決死の軍陣突破を試み、西郷隆盛との会談を実現した話で有名。明治になって明治天皇のご養育係を務めた。

明治13年3月30日に禅で大悟（大きな悟りをひらくこと）し、永年勝てなかった一刀流の浅利又七郎と対してこれを制し、無刀流を開く。大悟したとき、京都・天龍寺の滴水《てきすい》和尚から与えられていた公案は、「両刃、鋒《ほこさき》を交えて避くることを須《もち》いず。好手は還って火裏の蓮の如し、宛然《えんぜん》として自ずから衝天の気あり（剣をもって相対し、心を一にして逃げずに向かえば、火の中にある蓮の花のように気天を衝く働きがある）」であった。山岡鉄舟、勝海舟ともに、幕末から明治にかけて生きぬいた力は、ただ禅と剣の二つの修行から得たと述べている。

春。リョータは2年生になり、いつの間にか身長も170㎝を超えていた。剣道部部長の宮の森は中等部を卒業、高等部に進み、手嶋が新部長となった。これからは自分らも新入生の見本となるような剣道をしなければならない、と一念発起したリョータは坐禅会に通うことにした。

都内某所にある居士禅《こじぜん》（在家禅）の道場だ。

道場に向かう地下鉄に乗りながら、リョータは坐禅に関する記事のコピーを読んだ。

「坐禅による瞑想では、アルファ波も出るが、シータ波も出現する。周波数はアルファ波よりさらに遅い領域、すなわち潜在意識の状態だ。そしてシータ波の出現と共に見られる神経伝達物質、それがセロトニン。心身の安定や心の安らぎにも関与することから、別名『幸せホルモン』と呼ばれ、副交感神経活動を活発化させる。副交感神経は修復・休息・リラックスの神経。昼間の活動によってたまった疲れや、体に受けたダメージを、副交感神経に切りかわった睡眠中に修復して、元気な状態に戻すのが役割と言われる。坐禅の良いところは、呼吸を整えることに意識を集中さえすれば、特別な訓練なしで誰もが気軽に取り込める瞑想法だということ」

「iPhoneやiPadの発明者であるスティーブ・ジョブズの発想も、原点はZenであったと自身で述べている。彼は若い頃インドに旅をして仏教に触れ、その後カリフォルニア州のＺｅｎセンターに通い、その発想法に魅《ひ》かれたらしい。彼が開発した製品のフォルムにミニマリスト的シンプルさがあるのも、Ｚｅｎに由来するものだと言われている」

坐禅では呼吸を整えるだけ、それだけでいい。

日曜禅会では、1回30分前後の坐禅を5分休んで3回繰り返す。大勢の坐禅会で坐ると、心が落ち着き、坐禅に集中できる感じがした。

帰り道の地下鉄の車内でリョータは、藤田顧問から贈られた『禅と日本文化』を取り出し、続きを読み始める。

Ｚｅｎには坐禅という瞑想の要素に加えて、インド、中国、日本の古典を通じて、思想的・哲学的な要素があること。剣の奥義に出てくる禅語や公案（禅問答のテーマ）がそれであり、芸術、美術、茶道、俳句など日本文化との関わりも広く深いこと。

Ｚｅｎ。それは人間とは何か、文化とは何か、宇宙とは何か、など人間の本質的な疑問を考える機会を与えてくれるものかもしれない、とリョータは考え始めていた。

この間、宮の森と立ち寄った神田神保町の古書店で、中国の古典『無門関』や『碧《へき》巌録《がんろく》』、日本の有名な白隠禅師《はくいんぜんじ》の書物が並んでいるのを見つけたリョータ。

「読みたい本がならんでんのに、くやしーけどいまはカネないし。小遣いためて買お…そーだ、他の人に見つからないように…あで！」

背表紙を裏にして本棚に戻そうとするリョータの脳天を宮の森が本の角で小突いた。

「三津瑠儀、お前…。本のチョイスは一流なのにやってることが小学生並みだぞ」

「すんません」

「しかしそんなことをしてまで読みたいっていう知識欲には脱帽だ」

宮の森は苦笑した。


その頃、体育館ではダイさんと黒崎が対峙していた。

「伝説の藤田7段から申し込まれるとは光栄の至りです」

「ちょっと確かめたいことがあってね」

口火を切ったのは藤田のほうだった。

「20年ほど前だったか。私は全日本剣道選手権大会を見に行っていた。その時、18歳の若さで勝ち上がった高知出身の選手がいた。名は緒方賢一郎。あれは君だね」

つばぜり合いの末、すっと離れ間合いを取りながら緒方が聞いた。

「いつ気づかれましたか？」

「会った時は、全くわからなかった。緒方君は自信に満ちたキラキラした眼をしていたからね。最初におや？　と思ったのは、碁を打つ時に見えた竹刀ダコだった」

間合いを詰め、上段から一気に振り下ろした緒方の剣をダイさんが受け止める。

「そしていつだったか、カフェに古い剣道雑誌が届いただろう？　その中にちょうど私が観戦していた大会結果が載っていて、あの時の高知の青年の名前が緒方であることをはっきり思い出した。確信したのは、リョータに貸した五輪書のイニシャルだよ」

イニシャルはK．O。読み込まれた本の表紙はあちこち擦《こす》れていたものの、油性マジックで書かれたそれはかろうじて読み取れたのだった。

黒崎＝緒方の告白が始まった。

藤田さんが仰る通り
僕の元の名は緒方賢一郎です
僕は小さい頃から剣が得意でした
高校卒業までライバル不在で天下をとったような気がしていました
10歳の時に父を失いましたが
あの時は剣さえあれば母と妹ぐらい食わせてやれるとまで思っていました
何とか大阪の大学に入り
藤田さんがご覧になったあの試合
あれが人生初の敗北でした
それでも僕の自信は揺らがなかった
来年の大会で勝てばいい、そう思っていた矢先
――阪神大震災が起きた

僕は奇跡的に助かりましたが
偶然 僕の下宿を訪ねて来ていた母と妹を亡くしました
その後、休学してボランティアを続けながらずっと考えていました
剣一本で生きていけると豪語していた自分は家族すら守れなかったじゃないかと
自信を喪失し剣道はもちろんのこと生きる気力すらなくしていたところを
救ってくれたのが叔父の黒崎和尚です
藤田さんもご承知の通り
今と違って携帯電話もメールもなく
やっとインターネットが実用化されたばかりの頃でしたから
ネットや各地区のボランティアセンターで得た情報をつてに僕を探すのにずいぶん苦労したようです
これからどうしたらよいか黒崎叔父にすがったところ
ひとつでも後悔していることがあるのであれば
二度と後悔せぬよう生きてはどうかと言われました

僕の後悔は自分の力を過信し
家族を守れなかったこと
僕は叔父の養子となり苗字を黒崎に変えました
だから今度は自分の力の範囲で弱いものを守る、と決めたのです
小宮君が「大阪出身の黒崎」をいくら探しても出てこなかった訳だ
東京の大学に入り直し最初に目を向けたのはアジアや中東、アフリカの貧困国です
大学のフィールドワークのように規模は小さくても力になれることはあるんじゃないか
いろいろな国を訪問しているうちに
日本にいては全くわからなかった世界から日本に求められている役割に気が付きました
大国のエゴや宗教対立の狭間で平和国家日本のボランティアの人たちの献身的な努力が
貧困国の人びとのこころに応え
大きな役割を果たしていることを実感しました

この道は人と自然にやさしいZenのこころに通じるものがありこれからもライフワークとして追求していきたいと思っています
宗教では神を論じますが神はすべてを包み込んだ大我で絶対寛容の無我のことです
神の名で戦争はありえず
世界から宗教戦争をなくすことこそ日本の使命だと思います
もう一つは日本の社会への心配です
高度先進国へ突き進んできた日本の社会の変質の中で
一番心配なのは地域コミュニティの崩壊と社会システムの崩壊の恐れです
僕がコミュニティカフェを立ち上げた理由はここにある
たがが外れてしまう前に少しでもくさびを打って修繕すれば
システムが健全化するまで持ちこたえることができるかもしれません
行政に頼らずごく小さな集団
コミュニティレベルでの互助システムを構築していくこと――
ある日本の教授が提唱している考えの受け売りですが

例えば子育て支援ひとつとっても
上から数値目標だ何だと押し付けなくとも
中小を含めた個々の企業がそれぞれの事情に合わせて工夫していけば問題は解決できる可能性は高い
ただし募金だけで運営していくには持続可能性が低すぎる
それでカフェを必要とする人自身が運営の主体となれるようなそんな形態を模索してきました
先日のチャリティマッチの企画を子供たちに任せたのもそのひとつですが結果は大成功でした
固定概念にとらわれない新しい発想が生まれ新たな人間関係が生まれました
われわれ大人はつい「最近の若者は」と苦言を垂れてばかりですが
日本の、いや、人類の未来はそんなに捨てたものじゃないはずだ
我々の世代が皆で踏ん張ってセーフティネットを広げれば
子供たちの眼が輝く社会を保持できる――僕はそう信じたいんです
ここが踏ん張りどころだな
フッ
今度はダイさんの番ですよ
戦後の日本を支えてきた技術力の素晴らしさを教えてください

話し出したら止まらなくなりそうだが
はは
構いません どうせ独り身です
くす
なら河岸《かし》を変えるとしようか
素面《しらふ》ではどうもな あと喋り方元の関西弁に戻してくれ
そば処 ○○庵
○○庵
さて まずは若い頃からの剣と禅の修行について話してもよいかな
剣は縁あって柳生新陰流の勉強した
柳生には徳川幕府に仕えた但馬守宗矩《たじまのかみむねのり》の流れをくむ「江戸柳生」と
上泉信綱 柳生石舟斎のあと石舟斎の嫡孫の柳生兵庫助利厳《やぎゅうひょうごのすけとしとし》に継承された「尾張柳生」の流れがある

宗矩の門弟が各地の大名家に指南役として採用されて全国に普及したのに対し
利厳の子孫や弟子たちは基本的に尾張藩内での指南に専念し
明治維新後剣術を伝えることを放棄した江戸に住む柳生家に対して
尾張、いまの名古屋に住む利厳の子孫は絶え間ない努力で新陰流を現代まで伝承させている
私は「尾張柳生」の流れをくむ師について剣の理と技を学んだ
他方、Zenだが
柳生の剣禅一致の伝統から大学時代に学生仲間と坐禅をはじめ今日に至っている
私の考えではZenはインドのお釈迦様に源を発する修業ではあるが狭い意味での宗教ではない
すなわち一宗一派の宗派仏教としてではない普遍的な瞑想・思想・哲学としてのZenをずっと模索し続けてきたつもりだ
卒業後は企業でIT技術の開発や営業を手がけてきた
日本の技術はメカニカルな技術、例えば電気製品や機械、自動車のようなモノづくりの分野では世界から評価される水準を達成できたと思っている
ところが日本は技術変化への対応に遅れ、IT技術では後れをとっている
だがこのIT技術こそこれからの日本、そして世界の問題を解決する重要な要素だと思う

必要なのは技術を「見《けん》の目」で分析的に見るのではなく「観《かん》の目」で大きく見ること
それがこれから加速する技術進歩に人間がどこまで追いついて行けるかのカギ、なんではないかな
人工知能を超える人類の英知はZenに残されているんじゃないか
日がなごろごろしながら空を見つつそんなことを考えている
例えば柳生新陰流の「活人剣」の考え方は
相手と対峙しこれを封じ込めて勝つ「殺人刀」ではなく
観の目で世界全体をうららかに見て
す
相手を生かし相手と共創するドラマ作りに参加する立場を重視する
真のイノベーションは…
データを大量に処理するだけの人工知能のようなガチガチの殺人刀から生まれない
それを生み出せるのは相手も自分も自由に動ける活人剣の共創の世界のはずだ

臨済禅師の言葉通り「随所に主となれば立処皆真なり」
――こだわりなく自由に動けば
立つところはすべて真実の世界となるということだ
迎え撃つ相手を技術的特異点(Technological Singularity)※と考えた場合
人間はなおこれをコントロールすることが出来るのではないか
すまん
アルコールのせいで饒舌になりすぎた
途方もない夢ものがたりでおいそれと理解してもらえるものじゃなかったろうな
まぁ、一老人の直観だということで許してもらいたい
あ
ダイさん
どーせわてにはわからんやろとか思うてます？
こー見えて一応大学で教鞭とってんやけど
くす
それはそうだ
ではセンセイのご意見は？
まずは来週から
わての講義のコマつこおて藤田ダイスケ先生の特別講義をお願いしようかと
ニヤリ
今ので半年くらい行けますやろ？

…近未来のこと

……そしてリョータのその後
日本
アメリカ
ドイツ…
自分を取り巻く大きな世界…
これから先の自分の人生にどんな生き方が出来るだろう
俺は進むべき道を進んでいるのだろうか
将来俺はどう生きるべきなんだろうか
黒崎センセーやダイさんのような
頼もしく尊敬できる人生の先輩に学んでZenの本質をさらに追及してみたい
俺はもう牛を見つけたんだろうか？
いつか牛を乗りこなし見ることが出来るだろうか
——その先に広がる世界を

リョータは「十牛の図」の中で今の自分とこれからを見据えるのでした。

■十牛の図

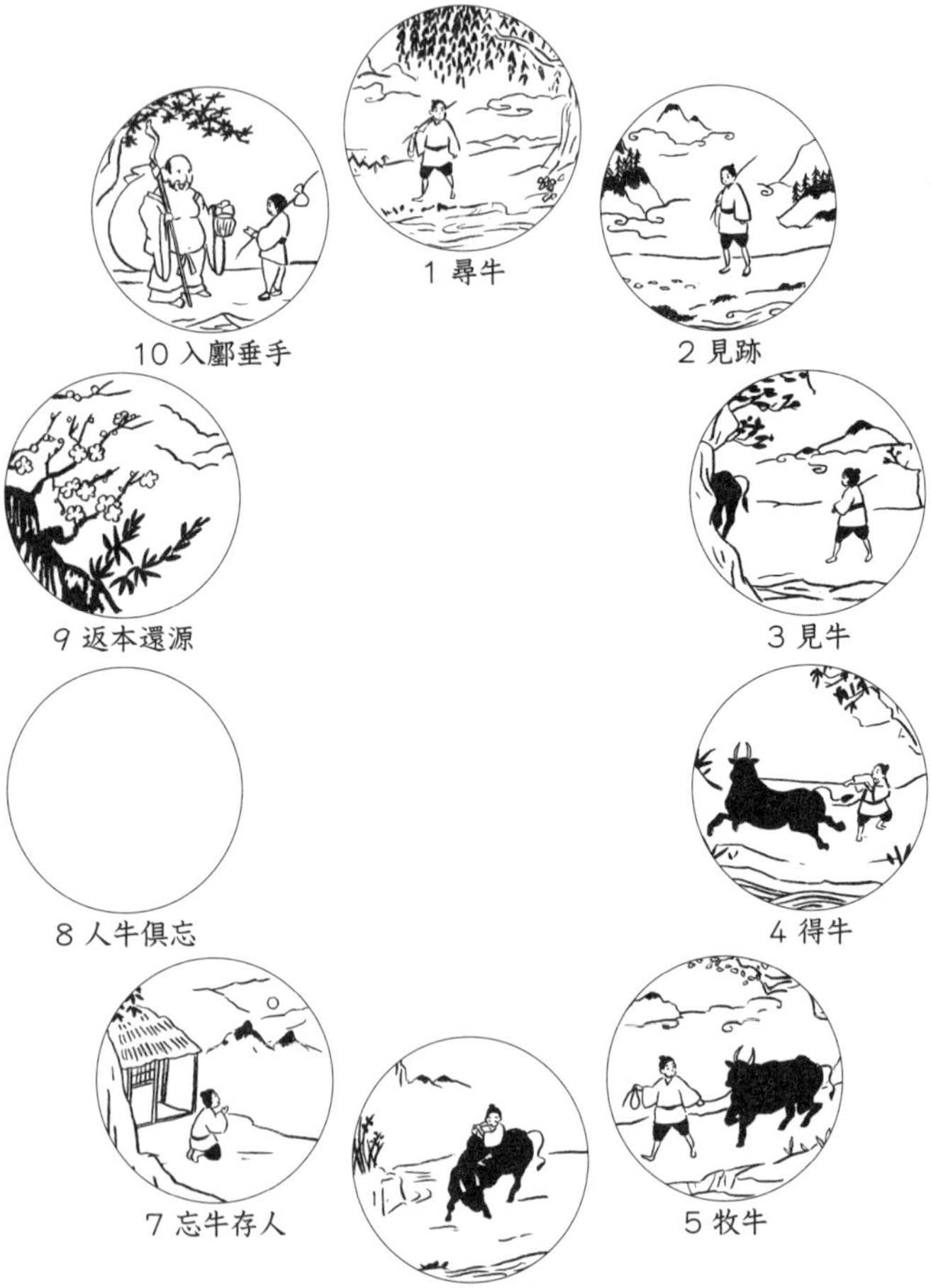

1 尋牛
2 見跡
3 見牛
4 得牛
5 牧牛
6 騎牛帰家
7 忘牛存人
8 人牛倶忘
9 返本還源
10 入鄽垂手

※それぞれの解説は次ページ参照

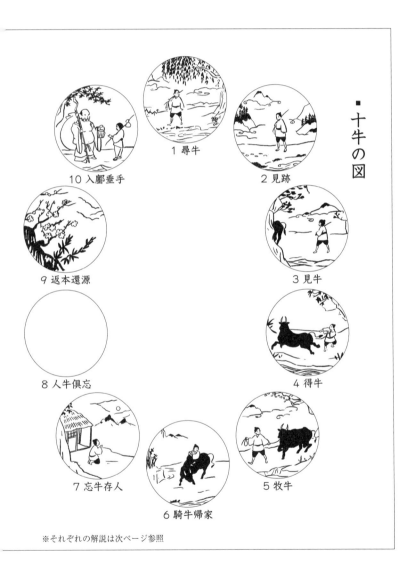

今から８００年前中国の廓庵禅師《かくあんぜんじ》の作と言われる。禅の修行が進むにつれて、こころの持ち方が変化していくが、それを十段階に分けて説明したもの。

尋牛《じんぎゅう》……牛（真実の自己のありか）を尋ねる、自分さがしの段階。

見跡《けんせき》……話を聞いたり本を読んだりして、頭で牛の足跡（真実の自己のありか）をそれとなく理解する。

見牛《けんぎゅう》……実際に坐禅をして無心の境地になり、牛をチラッと見る。頭で理解したことが、実体験として何となくわかる。

得牛《とくぎゅう》……牛を何とか捕まえる。しかし野生の牛にはすぐに逃げられる。真実の自己を悟る。「見性」とも言う。しかし、すぐに慣れきった普段のこころの状態に戻り、その境地は長続きしない。

牧牛《ぼくぎゅう》……牛を飼い慣らして自分の思うように動くようにする。悟りの心の状態は「正念」と言うが、呼吸や意識の工夫でいつでも「正念」に戻れるようになる。

騎牛帰家《きぎゅうきか》……無理に手綱を引いたり鞭打ったりしなくても正念がついてくる。意図的に努力しなくても、自然に「正念」が維持される状態。

忘牛存人《ぼうぎゅうそんじん》……もはや牛は不要で、宇宙大の自己のみが存在。行住坐臥自然に「正念相続」がなされ、「正念」へのこだわりがなくなる。

人牛倶忘《じんぎゅうぐぼう》……宇宙大の自己も奪う、人も不要、絶対無の世界が顕現。宇宙と一体になることによって、正念を維持している自分も意識から消え、一切「空《くう》」の世界に至る。

返本還源《へんぽんかんげん》……元の現実の世界に戻る。山はこれ山、水はこれ水。「空」の世界から「色《しき》」の世界、すなわち「松は緑に山は紅」という日常の現実世界に戻る。

入鄽垂手《にってんすいしゅ》……街へ入り、手を垂れて日常生活にいそしむ。絵では布袋さんが人びとニコニコと交際している姿が描かれている。布袋さんは慈悲の仏である弥勒菩薩の化身とも言われ、実力をピカピカ光らさず、いかにも田舎の爺さんのような野暮な格好をし、大きな袋を担いで一切衆生にプラスになるものを求めに応じて配っている。「特別のことをするのではなく、坐っておれば坐っておる喜び、仕事をしておる時もしておる中から滲み出、溢れ出、こぼれ出る喜び。自ずから出てくる喜び。しかも自分一人だけで味わっているのでなく、おのずと周囲の人にも無限の作用を及ぼす。この布袋さんの境涯が、十牛の図の最後に出てきておるわけです。」（出典：芋坂光龍『十牛の図提唱』大蔵出版、１６２頁）

第2部

実社会を生きぬく禅の智恵

最近、マインドフルネス瞑想がビジネス界で話題になっています。これにはベースとして禅による瞑想の方法が採用されていますが、一般に受け入れられやすいように、宗教色を避け、人材トレーニングとしてのＥＱ（心の知能指数）開発に力点が置かれているようです。

本書でも狭義の宗教色をできるだけ避け、実際にビジネスや生活の中で、自分の心のあり方に悩み、どう自分の感情に向き合えばよいか悪戦苦闘している方々の視点に立って、その日々抱えている課題に沿いながら、長い歴史を経てきた東洋文化・日本文化の遺産である禅のこころが、実社会での人間の生き方にどのように役立つ面があるかについて、探究していくことにします。

そこでこの第２部では、はじめに禅についての基礎知識に触れた後、禅を実際に知るために坐禅の仕方を紹介します。

さらに、坐禅から得られるこころの変化や、禅そのものが私たちの生活にどんな智恵を与えてくれるのか、私たち現代人の世界観にどう影響するものなのかを詳しく解説していきます。

リョータは学校を卒業したあと
メーカー系の企業に就職し営業マンとなって社会人としての道を歩み始めました
修行を通して身につき始めた禅の智恵は
実社会の色々な課題に直面する中で
自らを支える大きな力となっていくことが実感できるようになりました
これまで身についた禅の智恵がどのように実社会を生きぬく力となっていくのか？
そしてさらに一層の禅の深みに触れて研鑽していくことによって
その智恵はどのような力をリョータに与えていくことになるのか？
ユキちゃんおはよう！
今日も早いね！
おはようございます三都瑠儀先輩！

あっ すみません 打ち合わせ中に…！
なんか インターネットとか 便利ですけど
ラインとか すぐ見ないと 気をつかうし
気の休まる暇が ないですね
はは
俺も 家に帰ったら オンラインでゲームとか つい夜更かしする 羽目になる時があるよ
やんなきゃいけない ことがあるのに 他に楽しいことがあると おろそかになりがちだから
そんな時俺は 坐禅を組むんだ
坐禅?!
お坊さんに 肩パーンてされる 痛そうなやつですか？
禅てそんなに 小難しいもん じゃないよ
やり方を覚えれば 自分ひとりでも 結構気持ちの 切り替えができる ものなんだよ
昔の侍とかは いまよりずっと 厳しい世の中に 生きてただろ？
だから禅の境地は すごく助けになった
いまは平和な世の中に なったからあまり 顧みられてないけど
知ってたら やっぱり 生きやすく なると思うんだ

1　禅とは何か

❖ 禅の歴史と今日へのつながり

それではまず、禅についてわかりやすく説明していきましょう。

禅は、インドの釈迦《しゃか》に始まり、瞑想法として坐禅が、仏教経典が示す理論としての禅思想等とともに、世界に伝わったものです。日本の場合は中国を介して、鎌倉時代に日本に伝播し、戦乱や自然災害の頻発する当時の社会において、武士や民衆のこころを捉えて、全国に広がりました。

具体的には、坐禅や禅思想を普及させたのは、臨済宗（栄西らが伝える）、曹洞宗（道元らが伝える）などの禅宗が中心ですが、天台宗や真言宗における瞑想法としても普及しました。浄土宗の念仏も、三昧《ざんまい》（精神集中が深まった状態）に入る手法としては同じ系統となります。臨済宗は武士階級に、曹洞宗は庶民に親しまれ、臨済宗の建長寺や円覚寺などの鎌倉五山は、当時の政治指導層であった武家の文化を支える役割を果たしました。

武士の生き方としては、戦乱の世で生と死の狭間《はざま》にあって、こころをいかに整えるかが最大の課題となり、剣術など古武術の奥義を支える精神的な拠り所となりました。そこから、水墨画や日本画などの美術、武士道などの倫理、茶道や俳句など日本文化一般の精神的基礎になっていったのです。

江戸時代になっても、平和を維持するための社会倫理として、武士道が定着し、上《かみ》泉《いずみ》伊勢守《いせのかみ》の柳生新陰流《やぎゅうしんかげりゅう》など剣術の諸流派が栄えました。江戸中期の**白隠禅師**《はくいんぜんじ》は日本禅の中興の祖と言われ、現在日本に伝わる臨済禅の源となっています。

江戸幕末から明治への近代化で、禅文化は変容を遂げましたが、それでも武士出身の指導者の間だけでなく、庶民の間でも伝統は継続され、昭和の時代まで若い学生などにも一種の教養として禅思想がつながってきていました。戦後もしばらくは若い人の間に禅が盛んな時期がありました。私が学生の頃も、大学に（女子大にも）禅のクラブがあったり、体育会系の学生が盛んに禅会に参加したりしていました。

ところが、この半世紀で社会は大きく変容し、禅は現代社会では片隅に追いやられています。ゲームやスマホ世代の若者には、全く遠い存在になってしまいました。

戦乱の世とは全く違った豊かな社会、住みやすい社会になりましたが、こころの悩みはいつの世にも存在します。現代社会で働く人の悩み、閉塞感、思考の迷路は、新しい装いで人びとのこころを蝕んでいます。

❖ 禅を学ぶことでできること

自分の生きている意味がつかめず、友達との付き合い方に悩み、自信喪失やこころの落ち込み、ビジネスの世界でのストレス、閉塞感等、こころの空洞化はこれまでの歴史に見られないほど深刻化しています。また、子供が暴力的なゲームに熱中しすぎ、そのことが、社会の色々な要因と重なって、粗暴で荒れる若者が増加する原因の一つにもなっています。

このような課題はどのように解消できるのでしょうか。

私たちは、戦後の急速な経済発展の中で物質的な生活の豊かさを得ましたが、日本文化の中でこれまで営々と育み、生活の精神的な基盤を支えてきた何ものかを喪失してしまったのではないでしょうか。

第１部でリョータが気づいたように、禅には根源的な自己のあり方を見直し、現代社会のこころの悩みを解消する秘密のカギがあると思われます。

禅を学ぶことによって、次のようなことができるようになります。

①生来持っているこころの原点に戻ることができる
②持てる力を生き生きと伸ばせられ、縛られない自由なこころを得ることができる
③課題に立ち向かう強いこころを養うことができる
④こだわりのない大きなこころに気がつく
⑤未来を希望で照らす世界観を知ることができる

これらに関して、これから読者の方々に理解していただけるよう、少しずつ説明を加えていきます。

❖禅が目指すこと

現代社会の価値基準では、例えば企業の目的は経済的利益の追求（企業は株主のもの＝収益を最大化するための組織）ですが、そうではないという意見も多くあります。企業は社会の公器であり、すべてのステークホルダー（利害関係者）のためのものという見方です。仮に、前者の立場に立つとしても、全てを超越した禅のこころと矛盾するものではありません。

禅は、競争を通じての勝利への希望、我欲、怒りなど、働く人の悩み、それ自体を否定するものではありません。

一生懸命に競争社会での日々の勝負に取り組みつつも、一方でそれに過度に捉われない、こころの自由度、冷静さを獲得することにより、現代社会の価値基準を相対化し、人生を謳歌することができるというのが禅の立場です。

禅が目指すのは、社会の中であくせく奮闘することを止めて、雲上の仙人になることではありません。当面する課題からは逃げることなく、真剣に取り組むけれども、同時にどこか高いところから冷静に見ているこころを養うことにあります。

❖理論と実践を心がける

ただ、禅は理論だけで論理をつないで理解しようとしても、本当のことはわかりません。例えば、持てる力を生き生きと伸ばせる自由なこころを得るためには、身体とこころを一体にして坐禅を重ねることによって、雑念に支配されないこころを築く（こころを無にする）訓練が必要なのです。

坐禅という実践が伴わないと、身体で実感できる真の理解には到達できないのです。

2　坐禅の仕方

❖坐禅は難しくない

禅は、頭だけで考えるものではなく、身体とこころを一つにして取り組むものです。その意味では禅は、坐禅に取り組み、実践から入ることが極めて重要です。坐禅は、最初のうちは期待した効果が出ず、逆に途中で足腰が痛くなって、止めたいと思う時期が必ずあります。最初のうちは多くの人がこの経験をします。そこで止めても、またしばらくして戻ってくればよいのです。坐禅の効用はすぐに得られなくても、継続すれば必ずや効果を実感できる時ができます。

1時間の坐禅で20分くらい、1日の坐禅で3時間程度、1週間の坐禅でも3日目ぐらいで、足の痛さや調子の悪さのピークが訪れることがあります。しかし、それを突き進んで坐禅を維持していると、また心地よく坐れる時間がやってきます。坐禅には、波があるからです。そして、継続することで境地は必ず開けてきます。

どうしたのユキちゃん
ここんとこミス続きじゃないか
すみません！期末で注文も伝票整理も重なって
タスクの優先順位があやふやになってしまって…
三都瑠儀先輩はいま、重要なプロジェクトの担当なのにすごく落ち着いてらして…
どうしたらそうやっていられるんですか？
俺だって会議でプレゼンする時は緊張するし
タスクが重なれば慌てるけど
家で坐禅を組むとその日の仕事がうまく気持ちの整理がついて冷静にみられるんだよ
三都瑠儀先輩もやってらしてる坐禅
私にもできますか?!
もちろん

坐禅はそれほど難しいものではなく、実践し、ある程度継続すれば、こころは解放され、リラックスして軽くなり、自分や世の中を新鮮な目で見ることができるようになります。昔から「坐禅は安楽の法門なり」と言われており、長く坐禅を続けている人たちは、坐禅をしている時が「人生至福の時」だと実感しています。

❖ 坐禅の坐り方

坐禅は通常1回30分〜40分程度（線香の長さにもよりますが燃え尽きるまでの長さで、「一炷《いっしゅ》」と言います）を坐ります。坐禅会では、2〜3炷は坐ります。摂心《せっしん》という集中坐禅会もあり、読経《どきょう》や、経行《きんひん》（歩行禅）、作務《さむ》（仏道修行として行われる労働）、指導者による提唱（禅話）などが、途中で組み込まれます。

坐禅は自宅で一人でもできますが、何人かで一緒に坐ることによって、より集中した「坐」が経験できることがあります。坐禅会のような機会に大勢で坐ると、気が一つになり、気持ちよく三昧《ざんまい》（精神集中が深まった状態）に入ることができます。

坐禅では、**「身体で正しく坐ること（調身）」「呼吸を整えること（調息）」「こころを整えること（調心）」**の3つが重要です。

坐禅の仕方

半跏趺坐《はんかふざ》

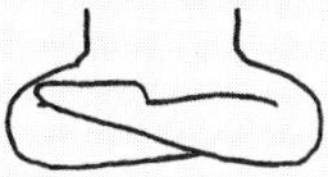

片足を組む。右足を左の腿の下に入れ、左足を右の腿の上に乗せる。足を逆にすることも可。

結跏趺坐《けっかふざ》

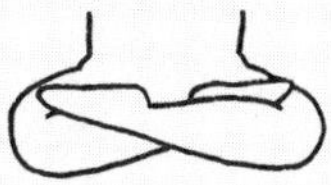

両足を組む。右足を左の腿の上に乗せ、左足を右の腿の上に乗せる。足を逆にすることも可。

姿勢

頭のてっぺんを紐で引き上げられるような感じで背筋を伸ばして座る。あごを軽く引き、肩の力を抜く。

法界定印《ほっかいじょういん》

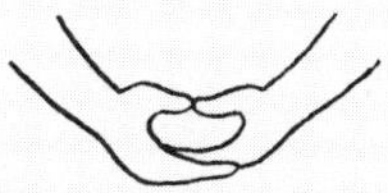

右手を足の上に置き、その上に左手を乗せて、両手の親指の先を軽く付ける。

半眼

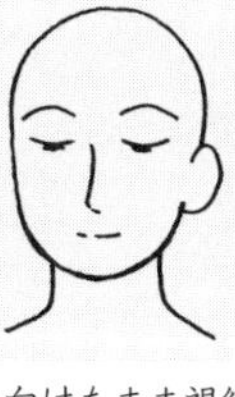

顔を正面に向けたまま視線だけを落とすため、上まぶたが半分下がる。

視線

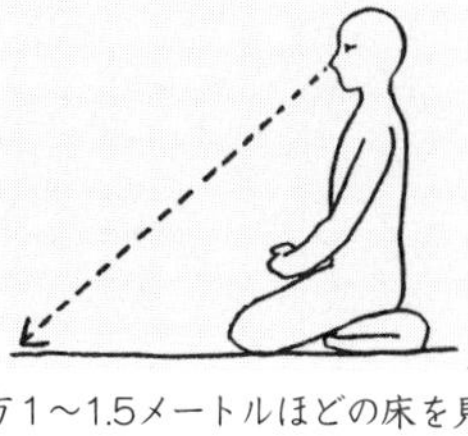

前方1～1.5メートルほどの床を見る。

①調身

まず、大きめの座布団《ざぶとん》と坐蒲《ざふ》（お尻を乗せるための蒲団《ふとん》、禅堂では丸いものもありますが座布団を二つ折りにしたものでも構いません）を用意します。そして、お尻を坐蒲に乗せ、両ひざを座布団に付けて坐ります。お尻と両膝の三点で体重を均等に支えます。

足の組み方は、**結跏趺坐**《けっかふざ》（両足を股《もも》の付け根の上に乗せる）、**半跏趺坐**《はんかふざ》（片足だけを股の付け根の上に乗せる）、**騎坐**《きざ》（坐蒲または二つ折りの座布団の上に馬乗りに坐る）などがありますが、ヨガの**達人坐**（あぐらに近い）や**椅子坐禅**も可能です。

手は右手の手のひらの上に左手を乗せて、組んだ足の上、または丹田（おへその下9㎝前後）の前に軽く付けて下ろします。両手の親指の先端を軽く合わせてそこを頂点とした楕円形の輪（**法界定印**《ほっかいじょういん》）を作ります。右手を軽く左手で握る手の組み方もあります。

足と手が組み終わったら、身体を前後・左右に揺らして、もっとも自然な状態に落ち着けます。重心は丹田に置き、顔は正面に向けて、目線だけを前方1～1・5メートルの床に落とします。そうすると自然に瞼《まぶた》が下がり、半眼《はんがん》の状態になります。

鼻と臍《へそ》が垂直に下ろした一直線上に位置し、耳と肩が一直線になるように上半身を立てます。上半身（特に胸とみぞおち）の力を抜いて、丹田に重心を移してどっしりと坐ります。

②調息

息は鼻からゆったりと吐きます。通常の呼吸より細く長くなります。しかし、自然な力みのない呼吸になるようにします。呼吸の音は全くさせません。

吐く時は臍の上からだんだんすぼめ、最後に下腹部をすぼめる（しかし丹田に意識を置くことによって、下腹に吐き下ろす＝下腹が膨らむイメージで坐ることもあります）。吸う時は下腹部から少し前に押し出し、最後に臍の少し上まで吸い上げます。

息は出し尽くさず、また吸い尽くさないで、呼吸の転換点を綿密になめらかにすること。常に丹田に意識を置いてそこを中心に、丸い楕円形の息（胸には力を入れず、臍から下での丸い呼吸）になるようにします。

坐禅の呼吸は、胸式呼吸ではなく、横隔膜の上下による腹式呼吸となります。

③調心

次に、こころの整え方です。雑念が自然に湧いてきます。雑念は良かれ悪しかれ過去のことであり、また未来のことです。雑念には付いて回らないことが重要です。いまの呼吸に専念することにより、自然に雑念は消えていきます。この状態を「禅定《ぜんじょう》に入る」とか、「三昧《ざんまい》（サマーディ）に入る」などと言います。

呼吸に専念する方法として、**数息観**《すそくかん》と**随息観**《ずいそくかん》があります。

数息観は、吐く時に「ひとー」、吸う時に「つー」と、こころで数え、十（とー）まで行ったら、また一から続けるやり方です。

随息観は、数は数えず、ただ出入りの息に意識を置くやり方です。

修行道場では、このようにひたすら坐禅を行う修行を、「**只管打坐**《しかんたざ》」と言います。修行が進んだ段階で、「公案」に全身全霊で取り組む方法があります。

> 公案は簡単に言うと、禅問答のテーマです。例えば、「ある僧が趙州《じょうしゅう》和尚（中国唐末の禅僧）に、犬にも仏性があるのかと尋ね、趙州は『無』と答えた。仏陀は全ての生類に仏性があると言われたのになぜか？」というような質問です。頭で考えても解がないので坐禅で、全身全霊で「無字（無という言葉の意味するところ）」に参じるのです。

この公案禅は、只管打坐によって培ったこころを、さらに禅の智恵に昇華させる

（高度な智恵に高める）ために古人が開発した手法だと思います。

坐禅を続けることにより「**念力**」が深まります。それはやがて「**定力**《じょうりき》（**禅定力**）」（常にこころが静まり、環境の影響によってこころを乱されない力）となり、無言でも存在感のある人になる等、個々人の人格形成にも影響が及びます。

とはいえ、効果を求める坐禅は邪道だと言われます。

効果を求めて坐るのではなく、いま行っている坐禅での一息一息の呼吸に専念することが一番重要です。

「一坐一生」「全身全霊で静かに坐る」「全宇宙を飲み込んで坐る」という気持ちで、一呼吸、一呼吸を大事にすることです。

❖ 瞑想法のいろいろ

坐禅瞑想という言葉もありますが、類似の瞑想法はいろいろ存在します。禅宗が歴史的につないできた伝統的な坐禅のほかに、天台宗の止観《しかん》、真言宗の阿字観《あじかん》、江戸時代初期の曹洞宗の僧侶鈴木正三の仁王禅、上座部仏教《じょうざぶぶっきょう》のヴィバッサーナ瞑想、そこから開発されたマインドフルネス、チベット仏教に影響を与えた仏教以前のボン教の瞑想法、ヨガ、TM（超越瞑想）、キリスト教の瞑想、イスラム教の瞑想、諸宗教の瞑想……。どのような瞑想法でも、基本的には坐禅瞑想と共通した効果は見られると思います。宗教家からすると、それぞれの宗教の教義の違いから瞑想の違いを主張する傾向があるかもしれませんが、瞑想はこころを整える第一歩という意味では、全て好ましい行いと考えるべきでしょう。

■ブータンの子供たちの瞑想習慣

数年前にブータンに行ってきた感想ですが、そこでは生活の隅々に瞑想が生きています。

ブータンの国教は、チベット仏教のドゥクパ・カギュ派で、ニンマ派も東部を中心に盛んです。ニンマ派の瞑想テクニックには、ボン教の影響が強いと言われます。ボン教はもともとチベット土着で仏教とは違う系統と言われていますが、そのゾクチェンという教えは、瞑想をベースとし、禅、ヨガ、密教、さらにはアボリジニの瞑想とも関係があるようです。

僧侶養成の小学校も訪問しましたが、ブータンでは全ての学校で授業の初めに黙想の時間があります。それも2分から3分はかける本格的なものです。朝の登校時にすれ違った女子中学生の集団に、グッドモーニング（ブータンでは英語が公用語となっています）と声をかけると、間髪を入れず一斉にグッドモーニングと明るい返事が返ってきます。

子供たちの目の輝き、誰とでも自然に交わす明るい挨拶などにより、人間のこころは繋がっているということが実感されました。

坐禅などの黙想は、人間本来の素直なこころを取り戻す機会になると確信できました。


禅は、出発点において「こころを整える」瞑想から始まりますが、その先には、禅に関する書物や芸術・文化にも触れる機会が多くあり、東洋の思想として長い歴史を経て裏打ちされてきた哲理が存在することがわかってきます。

私たちは、この先人の智恵、自然観、人間観、世界観、宇宙観を無念無想の坐禅瞑想の先に感じ取ることができるのです。

3　坐禅の効用

❖こころの原点に戻ることができる

大人として成長する過程で、人は次第次第に、心身共に、余分なこだわり、しがらみ、偏りや歪みを抱え込んでいくことになります。

こころのこだわり、歪み、さらにはトラウマなどは、人間が本来持っているこころの自由な活動を制約し、人間関係での自信を失わせ、生き方への迷いを生じさせます。

このこだわりや歪みが限度を超えると、やがて物事をありのままに捉えることができなくなり、手段を目的化したり、正しい物事の本質が見えにくくなり、自分の真の望みを見失うことになります。

人間関係や仕事に行き詰まることになり、そのことがますます自分を苦しめることになります。

実社会で成功するためには、こころに歪みをもたらすこの余分な偏りを取り除き、

生まれた時のような素直な、なにものにも制約されない自由なこころを取り戻すことが必要です。

若い頃のスポーツや趣味の活動などは、このようなこころに戻る良い機会です。それらと同じように坐禅によるこころの解放は、このような自由闊達なこころを育てます。

禅の智恵を学べば、このこころのしがらみと垢を削ぎ落とし、生まれたままの裸一貫の原点に戻ることができます。

なにものにも制約されず、サッパリした気分で、しかし結果的には則《のり》を超えることなく、世の中を楽しみながら生きぬく智恵が得られます。

❖規則・ルールに縛られない自由なこころを得ることができる

禅の世界では、古い昔から見方によっては自由の度が過ぎる変人、奇人が多く伝えられています。寒山《かんざん》、拾得《じっとく》、普化《ふけ》、…のように、脱俗の人や狂僧と言われるような、現代人から見ると自由奔放過ぎる人もいます。

寒山と拾得

共に唐代の脱俗的な人物で、両者とも在世年代は不詳です。ふたりは別々に禅の修行をして悟りに到達したと言われています。その後相交わるようになったふたりは寺の食事係となって衆僧の残した残飯や野菜クズを拾い竹の筒にたくわえて食糧とし、乞食同然の生活をしたとのことです。時には寺の中で奇声・叫声・罵声を発し、また放歌高吟したり廊下を悠々と漫歩したりして、しばしば寺僧たちを困惑させました。そして寺僧が追いかけると、手を打ち鳴らして呵々大笑しておもむろに立ち去ったそうです。非僧非俗の風狂の徒でしたが、禅の哲理には深く通じていました。寒山は詩集『寒山詩』を残しています。

坐禅を続けると規則に縛られない自由なこころを得ることができる
イライラ

普化

普化（生没年不詳）は、中国・唐代の禅僧であり、その行動は異様なものが多く、風狂僧と言われています。『臨済録』の中に登場し、臨済禅師からは高く評価されています。寝泊りする場所は墓地であったといい、神出鬼没の僧で、突然に街頭に現れ、道行く人の耳もとで鈴を振り、乞食したと伝えられています。

反社会的になり過ぎてもいけませんが、常に裸一貫の原点に立ち戻り、独立独歩の、自由なこころを持った人を育てるのは、禅の一つの効用ではないかと思われます。

「大用現前軌則を存せず《だいゆうげんぜん》」という禅語があります（中国宋代に編纂された百則の公案集『碧巌録《へきがんろく》』第3則より）。自由闊達な人間の行動（大用＝大きな働き）は、型（軌則＝規則＝ルール）にはまらず、捉われるところがないとの前提に立ち、「禅で悟りを開いた者の働きは、自由自在、融通無礙《ゆうづうむげ》、規則を超越しているが、結果的に規則に外れることがない」という意味です。

❖うつや自信喪失から立ち上がるこころが養える

世の中、ストレスの種はますます増えてきています。ストレスに負けるとうつやノイローゼに陥ることになりかねません。それではストレスに負けない「こころ」をどう養ったらよいのでしょうか。そのひとつが坐禅です。

①現実から目をそむけず、現実にこだわらない

坐禅は、普通の瞑想と異なり、目（半眼）を開けたまま行います。これは、目をつぶると現実逃避になり、心が内に向かいすぎてしまうからです。こころは常に、外界の現実から目をそむけず、ありのままに見て、それに捉われないことです。

坐禅により〝うつ〟や自信喪失から立ち上がるこころが養える？
そういうこともあるかも…

「坐禅せば四条五条の橋の上　往き来の人を深山木《みやまぎ》にみて」（大燈《だいとう》国師）という禅語がありますが、このように坐禅で心が定まってくると、目前の人の行き交いを見ても、雨だれの音を聞いても、それに引きずられなくなります。

大燈国師

鎌倉時代末期の臨済宗の僧、宗峰《しゅうほう》妙超《みょうちょう》の尊称。南浦紹明《なんぽしょうみょう》（大応国師）から宗峰妙超（大燈国師）を経て関山《かんざん》慧玄《えげん》へ続く法系を「応灯関《おうとうかん》」といい、現在日本の臨済禅の太い源流となっています。

うつやノイローゼは、現実の局所にこだわり、こころの迷路に入り込んでしまった状態と言えますが、これを乗り越えるには、目を開いて、しかし現実に引きずられない坐禅を積み重ねることです。

②本当の「いま」を生きる

禅では「いま」を大切にします。過去でも未来でもなく、現在を生きることが最も大事です。そのために、坐禅では現在の生の営みである一息一息の呼吸の出入りを大事にし、そこに意識を集中します。その結果、過去や未来を思い悩む雑念から解放されるのです。

「過去心不可得《かこしんふかとく》、現在心不可得《げんざいしんふかとく》、未来心不可得《みらいしんふかとく》」（金剛経《こんごうきょう》）という禅語があります。

> 「金剛経」は、紀元前のインドで編纂され、5世紀に漢訳された仏教経典で、「空」の思想を説き、禅宗で広く愛読されています。

修行中の徳山禅師《とくさんぜんじ》が、旅の途中である餅屋に立ち寄り、そこで店主の老婆から問いかけられます。

徳山禅師（徳山宣鑑《せんかん》）は唐代の禅僧。金剛経の研究では群を抜いており、修行者には棒をもって打ち据え、少々荒っぽく、厳しく導きました。

老婆は、「もしあなたが答えることができれば、ただで餅を上げましょう。もし、答えられなければよそへ行きなされ」と言ったあとで、「金剛経に『過去心不可得、現在心不可得、未来心不可得』とあるが、あなたは一体過去、現在、未来のどのこころで餅を食べるのか」と質問しました。

徳山はいまだ悟っておらず、餅を売る老婆にぐうの音も出ず答えることができなかったという話です。

過去のこころはすでに通り過ぎており、未来のこころはいまだ来ていない。かと言って、過去や未来から切り離された現在のこころというのも一瞬で掴みようがない。いま目の前に出された餅を食べるのに、どのこころも使えない。単なる俗人だと思っていた老婆に、禅の知識の豊富な徳山は敗れてしまったのです。

禅の智恵は、頭だけで考えた知識ではわかりません。一瞬のうちに現在は過去になり、未来は現在になる。生きた時間の流れの上にある現在は、過去、現在、未来を分断して、静的に分析的に見るのではなく、過去と未来も合わせて動的に丸ごと捉える「いま」に集中した坐禅に取り組んで初めて実感できることです。

■ 日日是好日《にちにちこれこうにち》

中国唐時代の雲門文偃《うんもんぶんえん》禅師の言葉。「15日以前は問わない、15日以後の一句を言ってみよ」（過去のことは問わない、今日これからのことを一言言ってみなさい）というもので、誰も回答しないので自ら代わって「日日是好日」と回答したという公案です（『碧巌録』第6則より）。

いたずらに過去を悔んだり、未来に期待したりせず、良かれ悪しかれ、今日一日を積極的に生きるべきだとの意味です。

坐禅は課題に立ち向かうこころの強さを養うというのは本当だ
こころを一箇所にとどめないで動の極地に置く
その状態を「不動」という
こころはどこにも置かなければこころはすべてに働く
「応《おう》無《む》処《しょ》住《じゅう》而《に》生《しょう》其《ご》心《しん》」
『無我無心』我を無にしこころを無にする
『放てば満つる』というのもあってな
大事なものは執着すると消えてしまう
思い切って放り出せば自然に手に入る
『自己本来の面目』も自分をいったん忘れないと会得できないものだよ

❖ 課題に立ち向かうこころの強さが養える

①課題に没入する（無心）

・無心になる

予測できない問題が多い実社会で成功し、結果を残すためには、まず、課題に正面から立ち向かう強いこころを養うことが必要です。**強いこころを獲得する秘訣は、無心になることです。**無心のこころほど強いものはありません。

こころのどこかに捉われが残ると、自由な働きができません。無心になれば、事に臨んで100％の力を発揮することができます。無心とは、こころをのびやかに広げ、生きる原点に立ち戻ることです。

無心になることは自分を捨てることとも言い換えられます。無心で生まれてきた人間としての原点に戻ること。自分を捨てれば、ストレスも、汚い、苦しい、悲しい現実も平然と受け入れることができます。対象から逃げないで、敢然と課題に立ち向かうことができます。

無心になるには、坐禅で現在の呼吸とともに「いま」に意識を向け、呼吸と一体となって、雑念を排除していくことです。坐禅を続けることで、無心を体得することができるのです。

・対象になりきる

禅の修行は、まず「無心」の会得から始まります。それは、当面する課題、問題に「なりきる」ということです。坐禅では、呼吸三昧で呼吸になりきり、自己が呼吸なのか呼吸が自己なのか、呼吸と自己が一体となって無心を体得するのです。

公案禅（禅問答のテーマを与えられた場合）においては、公案のテーマそのものになりきることが必要です。公案のテーマに、自己を没入させ、対象になりきった自己、対象と一体化した自己の状態を「法身《ほっしん》」ともいいます。悟りを開いた釈迦の身になりきった状態のことです。

日常生活で「対象になりきる」例として、仕事上上司から指示があった場合を想定してみましょう。上司の指示の問題点、実現可能性、代替案の可能性など、取り掛かる前に上司や仲間と議論することはよいでしょう。それが終わり、一旦上司の指示に従うと決めたときには、一切の迷いを捨て、上司の立場になりきって、その指示の内容に没入し、全身全霊をその実現のために集中することです。

■「香厳上樹《きょうげんじょうじゅ》」の公案

私たちにとって生きるということは、無心になって、いまなすべきことに最善をつくすことです。このことを理解するのに役立つ公案が『無門関』第5則にあります。

唐の時代の香厳和尚は「木に登って手も枝につかまらず、足も木にひっかけずに、枝に口で食らいついてぶら下がっている時に、木の下に人が来て達磨《だるま》がインドから来て伝えようとした精神、真理を問うたらどう答えるか？　答えなければ信義に背き、答えれば落下して命がなくなる。さあどうするか？」と弟子に迫りました。

さあ、このような時、あなたならどう返答しますか。

木の枝に食らいついた人になりきって、身体極まった状態に身を置いてみましょう。

②我欲を離れる（無我）

・無我とは

強いこころを得るには、私欲、私心を離れることが必要です。

人間というものは、**私欲にこだわっているうちは、こころが定まりません。**私欲を持った「我（私）」から離れることができれば、無心になれます。

人間の生きる欲望は本源的なもの（本能）であり、これを否定するものではありません。自己と他人や自己を取り巻く世界を対置させ、自己の利益のみを追求することを「我欲」と言います。**無我とは、我欲を捨て、全体世界の中で生かされている自分を直覚し、自他の壁を取り払い、他（世界）と共に生きる道を選択することです。**

我欲を捨てろといっても、この世の中は競争社会であり、企業は私益を追求し、働く人は我欲をむき出しにして競争しています。現実世界を捨てて仙人になれということではありません。実社会が個の利害のぶつかりあいだという現実は認めつつ、私たちはその競争社会で勝ち負けを争わなければなりません。競争社会で勝ち抜く欲は必要で、我欲を捨てるということは、欲の否定ではありません。我欲を認めつつも我欲から一端離れる世界を持つということです。そうしないと「無心」になれず、力を存分に発揮できないので、逆に競争社会で勝つことができないのです。私欲の世界と無我の世界を行き来し、私欲の世界を客観化して見るのが無我のこころです。
無我のこころを得ることができれば、例えば、事業に失敗したり、出世競争に負けたり、人事で左遷の憂き目を見た時、平然として落ち込まずに、こころを切り替えて挽回のチャンスに備えることができます。

■「得意《とくい》澹然《たんぜん》　失意《しつい》泰然《たいぜん》」

中国明の時代の古典『六然訓《りくぜんくん》』の中にある言葉ですが、厳しい競争社会に身をさらすビジネスパースンにとって、無我無心のこのような心境を身につけることができれば、人生の勝利は間違いないでしょう。

「得意澹然」：澹とは水がゆったりと揺れ動くさまを言います。従って、得意絶頂の時こそ、逆に静かでゆったりとしていることが緊要です。

「失意泰然」：失意の時にはうろたえ意気消沈するのが人間の常ですが、逆に泰然と構え、大所高所から事態を眺めて見ることが重要です。

無我とは言い換えれば、小さな私（我）を離れ、大我を生きるということです。「放てば手に満つ」という道元禅師の言葉があります。「宝物は、自分のものにしようと手に握りしめるのではなく、手を開いて放出してしまえば、求めようとしなくても、自ずから手に入ってくる」ということです。小我を捨てると、世界が我に入ってきて大我となるということです。

無我とか無心とかいう言葉を聞くと、虚しいニヒリズム（虚無主義）の世界を想像する人もいるかもしれません。意味するところは全く逆で、そこから無限の生きるエネルギーと働きが生ずる世界なのです。

「千万人と雖《いえど》も吾《われ》行かん」（孟子）というこころの強さは、私欲を離れたところにのみ働き、また、「浩然《こうぜん》の気」（孟子）は、天地にみなぎっている気、万物の生命力や活力の源となる気であり、無我無心の静謐なこころから湧き出る気概なのです。

坐禅を続け、三昧の中で小さな自分を離れることができれば、無我になったと実感できます。小さな自分を離れるためには、全身全霊を即今の呼吸に注ぎ、「畳の上で死にきる気持ちで坐る」ということも必要です。

③こころのエネルギーを高める（不動智）

禅というと、抹香くさいもの、人里離れた山の中で黙然と坐っているだけの枯れた静かな世界を想像するかもしれません。生き馬の眼を抜く活動的な実社会とは無縁のものと思えるかもしれません。

しかし、真実は全く逆なのです。禅のこころの状態は、外見的には静かに見えますが、こころの中は勢いよく活動しており、こころのエネルギーは１００％回転しているのです。「活発発地《かっぱつぱっち》」な働きが瞬間に出てくる動の極致の世界でもあります。

静と動はコインの表と裏、禅というコインは静動表裏一体で、すばらしいこころのエネルギーを発揮するのです。

> 「活発発地《かっぱつぱっち》」は、精神・気力が充実し勢いのよいさま、活気があふれているさまを意味する禅語です。夏目漱石が小説『三四郎』の中で使っています。

落ち着きのある静かなこころと自由に動くこころは相矛盾するようですが、実は同じことの二側面なのです。こころは一か所に固定すると力みやこだわりが生じてかえって不安定になります。こころは一か所にとどめず、自由自在に動き回ることによって、逆に開放され、力みが取れて、静かに安定するのです。

このことを、剣道の極意である「不動智」を例に見てみます。

江戸初期の徳川家の剣道指南役であった柳生《やぎゅう》但馬守《たじまのかみ》に沢庵《たくあん》禅師《ぜんじ》が与えた、剣禅一致を説いた書物『不動智神妙録《ふどうちしんみょうろく》』では、最初に「不動智」、すなわち不動明王の動かない智恵について解説しています。

不動とは、動かないといっても、石や木のように、しゃちほこばって動かない状態ではありません。逆に、四方八方に自由自在に動きながら、こころを一か所に、一つの対象にとどめないということです。例えば十人の敵が次々と太刀を振るってくる時、一人の敵の太刀を受け流してもそこにこころをとどめれば、次の敵に対して動きが抜けてしまう。こころをとどめないで、動かし続ければ、次々と撃ってくる敵に適切に対応できます。

100％動いているこころは、最大速のエネルギーで回転しているコマと同じです。そのコマは、静かにピタッと止まっているように見えますが、実は動の極致にあるのです。そのようなコマに触れたものは、そのエネルギーに弾き飛ばされてしまいます。

坐禅瞑想で呼吸を練っていくと、こころはしーんと静まりますが、同時にそのエネルギーは最高度に高まります。不動明王のように、そのこころはいったん事が起きれば、活発発地の生きたこころとなって、最高度の働きを示すことになるのです。

禅では、こころを一か所にとどめないこと、自由に開放して動かし続けることがいかに大切かをいろいろな言葉で説明しています。

例えば「応《おう》無《む》処住《しょじゅう》　而《に》生《しょう》其心《ごしん》」（和読みにすると「まさに住する処なくして、其の心を生ず」）や「水上に胡《こ》蘆《ろ》子《す》を打つ」などです。

■「応無処住　而生其心」

これは『金剛経』にある言葉です。まさにこころはどこにもとどまる（住する、こだわる）ことがなければ、自由自在に動き回り、真にこころを働かせることができるという意味です。

■「水上に胡蘆子《ころす》を打つ」

胡蘆子とはひょうたんのこと。水の上にひょうたんを投げ、手で押せばくるっと脇に逃げ、一か所にとどまらず動き回る。心境が高まった人のこころは、まるで水の上のひょうたんのように、少しの間もとどまることがないという意味です。

「間髪を入れず」とか、「石火《せっか》の機」という言葉も、同じように瞬時もとどまらぬこころを言い表しています。髪一筋も入れる隙間のないくらいの早さ、石を打った瞬間に光が出るその早さで、こころが動いていることが、剣術の要諦であると沢庵禅師は説きました。

❖ 危機に臨んで動じないこころが育つ

①人生の一大事を乗り切る勇気

もろもろの恐怖を抑え、人生の一大事を乗り切る勇気を養うために、禅の智恵はどのように役立つでしょうか。

それにはまず、坐禅をする姿が大切です。

下半身を安定させ、ゆったりと上半身を伸ばして正面を向いて端坐するだけで気分はおおらかになり、どっしりとします。

呼吸をゆっくりリズミカルにすることによって、三昧に入り、こころのエネルギーが高まると「槍でも鉄砲でも持ってこい」という気構えが生じてくるようになります。

日常の生活でも、坐禅の姿勢を思い出すだけで、事に処する気構えができ、真正面から問題に立ち向かう気位《きぐらい》が整います。

その上で坐禅で培った無心のこころが、恐怖に打ち勝つ自信を内面から支えるのです。

二、三の例を公案から引いてみましょう。

中国唐代の禅僧百丈懐海《えかい》は、ある僧から「この世で奇特な（すばらしい）ことは何でしょうか？」と問われ、「独坐大雄峰！」（私がここ大雄峰［百丈山］にどっしり坐

っていることだ）と答えました。大山のような大きな気構え、気位が感じられ、そこにはうじうじした恐怖が入り込む余地はないようです。

古来、禅の公案などでは、全宇宙を飲みつくすような気構え・気位や、また、生死二元論を超えて事に処する気構えを会得することが、人生の一大事を乗り越えるにあたって大変に重要なことである、とされています。

■「西江水《せいこう》」の公案

弟子（龐居士《ほうこじ》）が「萬法《ばんぽう》と侶《とも》たらざる（超越した）もの、是《これ》なん人《びと》ぞ」（何事にも超越した真実の人とは？）と質問を発したのに対し、師匠（馬祖道一《ばそどういつ》禅師：達磨から8代目唐代初期の名僧）は「お前が西江の水を一息に飲み干したら答えてやろう」と応えました。（『碧巌録』第42則　評唱）

柳生新陰流の免許皆伝の目録の中には、「西江水」の一句が入っています。剣の奥義において、湖の水を一気に飲み干した心身の活気が体中に満ち渡った無心の境地、宇宙全体を飲み尽くすという境涯、気構えを求めたものです。

■一剣問答

楠木正成が湊川で足利尊氏の大軍を迎え撃とうとした時、兵庫の禅院で明《みん》極《き》（楚俊）和尚に「生死交謝の時如何」（生死の岐路に立った時、いかに対処すべきか）と問いました。

正成に対して和尚は、「両頭とも裁断すれば、一剣天に倚《よ》って寒《すさま》じ」（二元論を断ち切れ、一剣を静かに天に向かって立たせよ）と言い放ちました。為すべきことは一つ、生死二元論を超えて事に処する気構えを示したのです。

■蒙古襲来への一喝

無学祖元《むがくそげん》は、北条時宗の招きで来日し、建長寺の住持となります（元寇後に円覚寺を開山）。二度目の元寇（弘安の役）を間近に控えた弘安四年（１２８１年）、祖元は時宗に「莫煩悩」（煩い、悩むことなかれ）との書を与え、その上で「驀直去《まくじきこ》」（まくじきにしされ）＝「驀直（まっすぐ）に前へ向かい、回顧するなかれ」と伝えました。時宗は一喝をはいて獅子吼《ししく》（獅子のように吼えること）し、これに応えたと言います。

②定力《じょうりき》で怒りと欲を抑える

最近のストレス社会では、大人も子供も「キレ」やすくなっています。実社会を生きぬくためには、泰然自若として「キレ」ないこころが必要です。

そして、人生で成功するには、怒りと欲を抑えることが必要です。感情の起伏が大きい人、私利私欲が強い人は、人望を得られず、社会人としての成功は望めません。

そこでキレずに怒りと欲を抑えるには「定力」を身につけることですが、それに良いのが坐禅です。この定力とは、「環境の動きに迷わされることのない、坐禅で培ったこころの力」のことです。

③定力（禅定力）の働き

坐禅を長期間継続し続けていると、定力（「禅定力《ぜんじょうりき》」）が身についてきます。

私が学生時代に柔道部に入っていた頃の経験ですが、そこに神経質で自信なさそうな弱い部員がいました。しかし、「男子三日会わざれば括目《かつもく》して見るべし」です。半年後にひょっこり再会したその人は、落ち着いた、威厳に満ちた人間に変わっていました。井の頭公園の道場で坐禅をやっていたとのことで、禅で培われた定力がこれほど人間を変えるものかと驚嘆したことがあります。

というわけですが いかがでしょうか キャンセルを 取り消して 頂くわけには まいりませんか
うーん
とはいってもさ こないだ おたくの製品、 クレーム ついたんだよ
ほかのメーカーが いい製品出して きているし
なによ いちゃもん つけて~~!
クレームには 誠意を持って 対応させて いただきます
わたしには うちの製品が どこにも引けを 取らないと 自信がございますので
結局 先輩の交渉で キャンセルは なしになりましたね!
でも、ほんとに クレームなんて あったんですか?
わたし 腹立っちゃって
くす
勝負事に 焦りや怒りは いいことないんだよ
剣道で 身についた ことでも あるんだけど
やっぱり 禅を通して 自分を見つめなおすと 冷静でいられるかな

「維摩の一黙、雷の如し」という公案もあります（『碧巌録』第84則）。インドの長者の維摩居士が、真理を文殊菩薩に問われて、一黙で（黙ったまま）答えたという話です。無言の迫力は、長い言葉の説明を超える真理の伝達力があります。

④禅とインテグリティ（誠実さ）

いま、社会人、特にリーダーを目指す人にとって欠くことができない資質として、「インテグリティ」が挙げられています。誠実さ、まじめさ、高潔さなどを意味し、人間としての資質、価値観、人格の概念を意味する言葉です。

ところで、禅では「戒定慧《かいじょうえ》の三学」を大事にします。「定」は前述した禅定＝三昧・サマーディのことです。「慧」は知恵・学問としての禅の哲理を指し、そして「戒」です。戒は他律的ルールではなく、自発的なものです。不昧因果《ふまいいんが》（「因果はくらますことができない」という摂理）を知り、将来の結果を信じて、正しい行いをなし、陰徳を積むことだと理解されます。

不昧因果（『無門関』第2則）
百丈懐海禅師（馬祖道一禅師の弟子）と間違った

三都瑠儀先輩って
ほんとカッコいい…
どうしたら
私も先輩みたいに
うまく仕事と
付き合って
いけるかな
もっと
先輩みたく
禅に親しんだら
わたしも強く
なれるのかな…

修行で野狐になった一老人との問答で、どんなに立派な人でも因果律は避けられないが、一方で因果を認めつつもそれに捉われないで、正しい行いをすることが肝要であると指摘した公案。『無門関』は、中国宋代に無門慧開禅師によって編集された48則の公案集。

東西の精神文化の産物である武士道や騎士道には、倫理感や宗教的情操がその背景にあります。江戸時代の会津藩藩校である日新館では、理由なしに「ならぬことはならぬ」と教えました。人の道は細かい理屈よりも直感で理解せよということでしょう。

因果律は縁起《えんぎ》とも言い、諸々の現象には発生消滅、原因と結果の連鎖があるということです。

人が見ていない時や所でも良い行い（善根《ぜんこん》）を積むというのが、東洋文化のインテグリティの基本です。

実践智ってなんだろう？
実践智とは知識や技術を基礎に実際の現場で応用と決断をもって物事を実行する知恵のことなんだよ
社会人にとってなぜ重要なんだろう？
実践智によって臨機応変に事に当たれる実行力を養えるからなんですね！
禅がなぜ実践智を養うことになるのだろう？
禅では机上の空論を嫌うからなんだ
ひたすら坐禅を組むことによってこころとからだの感覚が結びつき
いざという時すぐに動ける応用力と決断力が身につきやすいんだ

4　日常に取り入れる

❖ 実践智を自分のものにする

①実践智こそ社会人の武器

実践智とは、授業や読書など机の上の学問として得られる知識や技術ではありません。**机上で習得した知識や技術の上に、千変万化する実際の現場で、適時適切に正しい判断を下し、実践することができる能力のことです。**

学校教育を終えて社会に出る時、多くの若者が思い違いをしていることがあります。それは、知識の量や頭の回転の良さが、社会が評価する能力であるという思い違いです。

実際に社会で評価される能力は、学校教育の坐学で学ぶだけでは習得できません。そうした中、政府は「社会人基礎力」という概念で、「前に踏み出す力」「考え抜く力」「チームで働く力」の3つの能力を重視し始めました。

私も以前に組織の採用人事を担当した時、最も重視したのは、受験者の過去の学業成績ではなく、その若者に今後の「伸びしろ」がどの位あるか、経験を積み実践智を獲得して大きく成長するこころの基礎がしっかり構築されているかという点でした。

実践智という概念は、西洋哲学にもあります。アリストテレスのフロネーシス（賢慮）という概念です。

②実践智を養う禅の修行

世界的な仏教哲学者として知られる鈴木大拙《だいせつ》は、著書『禅と日本文化』の冒頭で、「禅とは何か?」という問いに、「禅とは夜盗術を学ぶに似たるものだ」という説話で答えています。

第1部のマンガにも紹介しているとおり、正しく生きる術は、**記憶された知識や論理ではなく、実地に身を置いて自ら体験して発露されるもの以外にありません。**禅のモットーは言葉に頼らない「**不立文字**《ふりゅうもんじ》」なのです。

禅の影響を受けた儒教の陽明学では、「知行合一《ちぎょうごういつ》」が命題となっており、行（＝実践）を離れた知（＝知識）は死んだ知識だとみなします。禅語でも、「体（＝原理）」と「用（＝働き）」を共に重んじ、また、「照用同時《しょうゆうどうじ》」すなわち、「照（＝心の働き）」

と「用（＝身の働き）」の間に間髪を入れないということです。

坐禅でこころを練った人ほど、判断が適切で行動力があるものです。ビジネスでも、理屈を並べたてるよりも、足で勝負することが重要な場面が多くあります。禅はこのような、迅速かつ的確な行動力を養います。

❖イノベーションを生む発想法を身につける

①坐禅は「ひらめき」を鋳出《いだ》す溶鉱炉？

世の中の仕組みが複雑に変化してきている現代では、以前にも増して多くの課題がビジネスパースンに迫ってきています。それらをいかに裁いていくかがビジネスの優劣の境目になるわけですが、いずれにしても難問山積が現代のビジネスパーソン共通の課題ではないでしょうか。

このように解決を迫る課題が山積していては、こころが休まることもなく、ただストレスが溜まっていくばかりです。

ストレスから解放されたいと思ったなら、まずは坐禅の世界に入り、日常生活の複雑な課題から完全に離れてみることです。坐禅が軌道に乗る（禅定《ぜんじょう》＝三昧《ざんまい》に入る）と、

その複雑な難問は全く思念から消えますが、意識しない形で自分の全存在（一体化した心身）の背後で渾然と溶け出して融合され、そこから自ずからなる解決策が醸成されてくることがあります。ある時は、坐禅中にこつ然とすばらしい解決策がイメージとして浮かび上がり、またある時は、坐禅の後に脳裏に課題解決の妙案が浮かび上がってくることがあります。

禅定に入った坐禅は、

いくら頭で考えても解決策が見つからない複雑な課題を無意識のうちに飲み込んで心身の中で溶解し、思わぬ妙案を鋳出する溶鉱炉のようなものかも知れません。

禅の公案も頭で考えただけでは解が見つかりません。坐禅で呼吸と共に全身全霊で練りに練って追求していると、時が来れば、自ずから解がひらめいてくることがあります。

②スティーブ・ジョブズの頭の中（空即是色・色即是空）

元アップルCEOの故スティーブ・ジョブズは、日本の禅の指導者と交流を持ち、禅の智恵が自らのイノベーションに関係していることを、いろいろな場面で述べています。亡くなる直前に刊行された評伝の中でも次のような言葉を遺しています。

（自分の心を観察すると）「自分の心に落ち着きがないことがよくわかる。静めようとするともっと落ちつかなくなるんだけど、じっくりと時間をかければ落ちつかせ、とらえにくいものの声が聞けるようになる。このとき、直感が花ひらく。物事がクリアに見え、現状が把握できるんだ。ゆったりした心で、いまこの瞬間が隅々まで知覚できるようになる。いままで見えなかったものがたくさん見えるようになる。」（ウォルター・アイザックソン著／井口耕二訳『スティーブ・ジョブズI』、講談社、２０１１）

これを般若心経《はんにゃしんぎょう》の「空即是色《くうそくぜしき》・色即是空《しきそくぜくう》」で説明すると次のようになります。色即是空の「色」を、人間が自ら作った枠でとらえた現実の世界と考えれば、一方の「空」は、枠が完全に消失した世界です。

般若心経
摩訶般若波羅蜜多心経《まかはんにゃはらみたしんぎょう》の略称。禅の基本思想である「空即是色・色即是空」を説く大乗仏教経典。敢えて言うと空（真理）と色（現象）は表裏一体ということ。

人間は枠の中で生きる生き物であり、枠が思い込みだったり間違っていることも多かったりします。しかも一度作った枠に固執して手放せないことが多いものです。しかし人は、いったん「空」の世界を見て、色と空の世界を行き来することができるようになると、発想が枠を超えることができるようになり、見えないものが見えるようになります。

スティーブ・ジョブズも次のように述べています。

「顧客が今後、なにを望むようになるのか、それを顧客本人よりも早くつかむのが僕らの仕事なんだ。ヘンリー・フォードも似たようなことを言ったらしい。なにが欲しいかと顧客にたずねていたら、『足が速い馬』と言われたはずだって。欲しいモノを見せてあげなければ、みんな、それが欲しいなんてわからないんだ。だから僕は市場調査に頼らない。歴史のページにまだ書かれていないことを読み取るのが僕らの仕事なんだ。」（前出『スティーブ・ジョブズⅡ』）

２００５年にスタンフォード大学の卒業式のスピーチでは、こうも言っています。「過去33年間、私は毎朝鏡の中の自分に向かって『もし今日が自分の人生最後の日だったら、今日やろうとしていることをやりたいと思うだろうか』と問い掛ける。そして答えが『ノー』の日が続いたら、何かを変えなければいけないと思う。自分はいつか死ぬと思い続けることは、私が知る限り、何かを失うかもしれないという思考のわなに陥るのを防ぐ最善の方法だ。」（CNN.co.jp「ジョブズの革新に影響を与えた思想とは」2011.10.07より引用）

❖ 自分も相手も生かすウィンウィン（共生）の道

①殺人刀《せつにんとう》を超える活人剣《かつにんけん》

競争社会では、個人の勝ち負けの競争がベースとなっています。個人として勝負に

課長！ライバル会社からコンタクトがあり
在庫が足りないのでうちの製品で穴埋めできないかとのことですが
冗談じゃないなんでライバルの手助けしてやらにゃならんのだ
断りの連絡をいれとけ！
課長待ってください！
ここは相手の申し出を受けるべきじゃないですか？
なんでだ！
ライバル社とうちの会社はこの製品ではシェアの1、2を争ってます
ここで断って代わりにお客様にうちの製品を売り込みに行っても
その先は潰しあうだけじゃないですか
ここで協力してお客様の要望を達成すれば
売り込みの苦労なくしてうちの製品の良さがわかってもらえますし
ライバルには貸しをつくることができます
三都瑠儀…
お前も大きな目で仕事が見れるようになったなぁ
禅のこころのおかげかも…

勝つこと、負けないように努めることは必要ですが、それにこだわりすぎることは禅的には正しい道とは言えません。正しい道は、他と共に勝つ道です。ウィンウィンの関係、すなわち組織や社会、さらに人類・世界が互いに共生しつつ、発展するという結果をもたらす大勝負こそ、最高の戦いの道であるということです。

禅では、「師家《しけ》が学人《がくにん》に接する場合に、奪って許さない手段が殺人刀、与えて容《い》れる手段が活人剣である」と定義されています（『禅学大辞典』大修館書店）。「殺人刀《せつにんとう》と活人剣《かつにんけん》」という言葉があります。

刀は相手に対するこころの持ちようでその使い方が変わってきます。柳生新陰流では、相手を追い詰めて殺す殺人刀を否定し、相手の動きを最大限許容し、最終的に相手に勝つ技法が重んじられています。殺人刀では、力が入り過ぎて固まってしまうため、自分もやられてしまいます。

いわれなき殺生をするのが殺人刀、一人の悪を断ち、一人を殺しても多くの衆生《しゅじょう》を生かすのが活人剣であるとして、「一殺多生の剣」とも言われます。

ここでは禅の用語を用い、相手を頭から押さえつけるやり方を殺人刀、相手を尊重してその自主的な動きを誘い、結果的に目的を達成するやり方を活人剣としましょう。

禅の智恵は、人や世界と一体となり、結果的に相手や世界を生かしながら動かす活

人剣そのものです。

②リーダーに不可欠な思いやりのこころ

リーダーという立場が権威から役割に変わってきている現在、Compassion（思いやりのこころ）という用語がこれからのリーダーに必須の要件となってきているようです。

この思いやりのこころも、禅の智恵を知り、小さな私でなく、世界と一体となった大きな私（自己本来の面目）に気がついたこころに、初めて芽生えるものと言えましょう。

❖ 全体と局所を同時に把握する

①全体観と長期的視野

社会で生きるには、局地戦での勝利、短期的成果の追求も大事ですが、全体観と長期的視野も同時に必要です。企業経営や組織経営の基本もこの2つです。

統計的品質管理の権威であるエドワード・デミング博士の弟子で、1980年代に日本的経営で米国企業の競争力強化に貢献した吉田耕作カリフォルニア州立大学名誉教授は、統計学の見地から全体観的アプローチが経営ではきわめて大切だと力説しています。著書『統計的思想による経営』（日経BP社）でも次のような主旨のことを述べています。

組織体の経営では、部分最適を求めるのではなく、全体最適を求めることが必要で、具体的には「協調」と「長期性」が中心的な要素となるとし、協調では、小集団活動による人間同士、個々の部門同士の協力によって新しいアイデア、価値を生み出していくことが求められ、長期性では、短期的な成果主義で経営を見てはならず、長期的に見ていくためには、日本型の終身雇用や年功序列がむしろ適しているとしています。

人の評価も、若い時に才能を伸ばす人もいれば、年齢を重ねて能力を高める人もい

て、長期的に見れば、会社への貢献度はほとんど同じになるそうです。（吉田耕作著『統計的思考による経営』日経ＢＰ社）

②近くを注視しつつ、遠くを観察する（観・見２つの目）

宮本武蔵の『五輪書』でも柳生新陰流でも、目の付け所（目付）を重んじ、**「見《けん》の目」（目許で局所を見ること）**のほかに、**「観《かん》の目」（大きく全体を見ること）**を重視し、「観の目つよく、見の目よわく、うらやかに見るべし」と言っています。活人剣を振るう時には、この全体を大きく見る観の目が重要となります。

世界に対置するものとしての自己の認識（見の目で相手に対する：殺人刀）と、世界に包摂されるものとしての自己の認識（観の目でうらやかに見る：活人剣）の二重構造を現実の「場」において確認した上で、後者（活人剣の場）を重視し、そこに「リアルタイムの創出知」を発揮することが、ビジネスの世界でも画期的なイノベーションを生起させる術ではないでしょうか。

「リアルタイムの創出知」とは、『生命知としての場の論理』清水博著（中公新書）にある言葉です。

スティーブ・ジョブズをはじめ、世界のイノベーターの立脚点は、「観の目をつよくし、うらやかに見る（全体的視野を重視し、のびのびと観察する）」ことにあるのではないかと考えます。

■尽大地《じんだいち》と粟米粒《ぞくべいりゅう》（宇宙と米つぶ）

唐代の禅僧雪峰義存《せっぽうぎぞん》が「全宇宙をつまんでみると米粒のようなものだ」と聴衆の前に放り出し、「君たちサッパリわからんだろう。探したければ太鼓を打って総がかりで探して見よ」と言った……という公案があります。（『碧巌録』第5則）

尽大地とは、全宇宙のことで、米粒との対比でごまかされてはならないということです。これは、釈迦の弟子だった維摩居士《ゆいまこじ》が「須弥芥子《しゅみけし》に入る」と述べたのと同じことです。須弥は極大の全宇宙であり、それを極小の芥子つぶに入れるという、全体と局所を同時に把握する禅の究極の智恵を示した話です。

■ウロボロスの輪

ウロボロスというのは、ギリシャ語の「尾を飲み込む蛇」の意です。古代エジプトなどには、このような極大と極小を一つにして宇宙を論じる世界観がありました。禅の智恵にも、人類が長い歴史の過程で培ってきた思想・哲学・宗教の智恵が込められているのかもしれません。

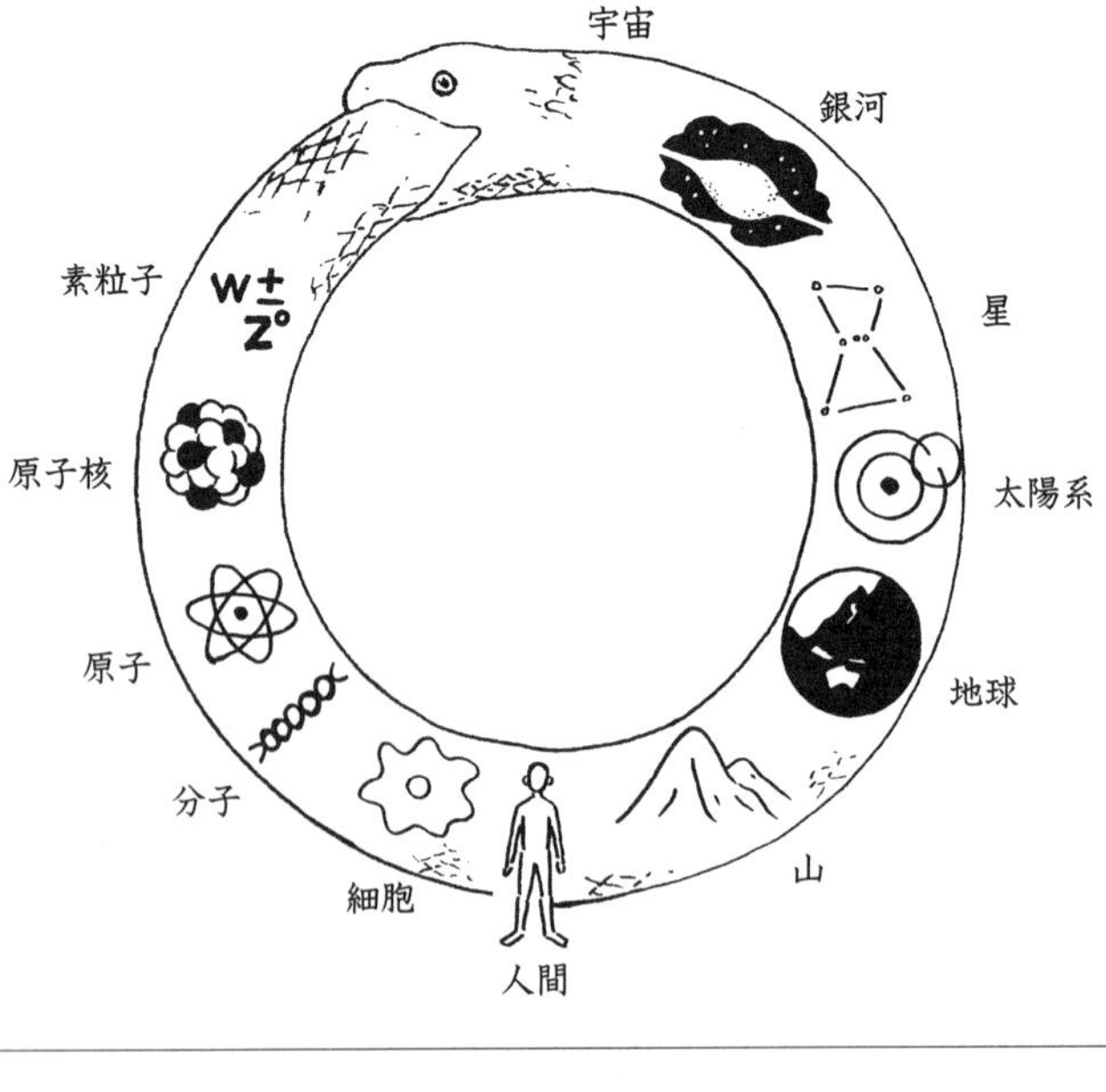

③チームワークと個の働きは共に重要

組織と個人、全体と個の関係については、社会人として常に直面する課題です。

実社会には、全体のために個を犠牲にすることが必要という局面がある一方、個の最大幸福が最優先課題で、全体のために個が犠牲になるのは望ましくないという局面もあります。人により、ケースによって、また置かれた歴史環境や社会環境によって、判断の分かれるところでしょう。

人間社会の本質を直感的に把握した上で、『全体』の問題と『個』の問題を同時に把握し、適切な判断を下しうるのが禅の智恵ではないかと思います。

・他から学んで、自分も飛躍できる小集団活動（ブレーンストーミング）

その一例として、企業や組織のマネジメント手法で重要な小集団活動を見てみましょう。職場の課題を考える時に、自分の限られた経験と知識だけで解決策を見つけるのは大変です。自主的な小集団活動で、互いにいろいろな立場（職場、職域、ステータス）の人の意見を聞き、その見方を知ることは、自分の考えの足りないところを補い、啓発されることが多いと共に、解決策を見つけ出す近道となります。

禅では、全体と対置する自己（小我）を極小化して、その先に全体と一体となった自己（大我）を見出すことを、喜びと共に学びます。

禅で大我を見出した喜びは、小集団活動で、他の人の智恵に啓発される喜び、他の仲間と共に全体的視野から問題の解決に取り組む喜びに通じるものがあります。

・自分を殺して、自分を生かす（自己犠牲の精神、自分を殺して全体を生かす）

企業や組織の中で自分の役割を考える時、自分が犠牲になって全体を生かす必要がある場面が必ずあります。

野球の戦術として犠打（犠牲バンド）があり、特に日本の野球では重視されます。これは、小我（個々の選手）を犠牲にして大我（チーム）の勝利に導く、禅の哲理にも通じるものです。

1985年に阪神タイガースを監督として日本一に導いた吉田義男氏は、90年から6年間、フランス野球のナショナル・チームの監督をした時に「フランス人は犠打を拒否する」とぼやいていたと伝えられます。

チームのために自分を犠牲にするという考え方は個人主義の強い文化圏では理解を得難い面があるかもしれません。

・要所での個の力の発揮もまた不可欠

一方で、主体性を持った強い個人が存在しなければ、チームの勝利はありえません。個人がリスクを恐れて突出しないことが習いとなると、チームは弱体化します。過去に日本のサッカーは、個々の選手が自分だけ突出して他に迷惑をかけてはまずいと考え、横にパス回しばかりして、ゴールを奪えないと批判されていました。チームワークも大事ですが、リスクを冒してシュートを打つ、個の「こころ」の強さがないと、事態は打開できず点が取れません。

チームワークと個の働きの絶妙なバランス、自己を殺す時と生かす時の判断の切り替えに、禅の智恵は大きく貢献するものです。

絶好の機会に直面した時、（失敗した時の批判を恐れず、また多少の批判は覚悟して）無心になって全身全霊で強いシュートを放つ、これこそ禅の智恵から得られる臨機応変の決断であり、生き方だと思います。

昨日の敵は今日の友…じゃないけど
世界はつながってるって黒崎先生が言ってたなぁ
黒崎先生？
俺の恩師のひとりさ やっぱり禅に詳しくて
大学の先生しながらボランティア活動もしてるんだ
禅のこころが世界から宗教戦争をなくすことにつながるという信念で
発展途上国支援に取り組んでいるんだって
また、ダイさんってもうひとり禅の師匠がいるんだけど
そのひとの考えでは禅の精神が人工知能に圧倒されつつある人間にとって希望のひとつになるって
フッ
スケールのでかい話だけど
相手を活かしつつ自分を有利にする活人剣のこころとか
いくら人工知能がデータを蓄積しても
禅で養われる極小と極大を同時に見るような
全体の調和を考えることのできるうらやかなこころって人間にしかはたせないんじゃないかって

世界はつながっているってどういうことでしょう？
うん…昔、「自己本来の面目」というものについて
ダイさんに教えてもらったことがあるんだけど
坐禅を組んでひたすら呼吸に専念して心を空っぽにしてじっとしていると
だんだん自分の周りの世界が実感できてくるというか
ダイさんの言った「大我」というものが少しわかった気になるというか
科学で言うと人間に魂なんかないだろうし死んだら終わりってドライな感じになるんだろうけど
でも禅を通して見ると世界はすべてが有機的につながっていて
自分も欠けることのできないその一部で
その中で自分が大きくなったり小さくなったり形を変えたりすることで
周りの世界も変化していくのがわかるっていうか
それじゃ自分はどういうふうにこの世界で生きてこうかとワクワクしちゃったりね

有意義に自分を活かして生きていくためには
禅で言うところの「日々是好日」とか「即今を生きる」とかの言葉がヒントになるんだけど
断捨離って流行ったろ？あれみたく余計なものにとらわれないで生きていく必要があると思うんだ
私も本格的に禅にチャレンジしたくなっちゃったなぁ
はは
ほんと？
じゃぁ今度黒崎さんのおじさんが坐禅会やるんだけど一緒に行かないか？
いいんですか?!
そのあと時間あったら近くに美味しいお店があるんだけど行ってみない？
えっ!?

5　未来を希望で照らす世界観

❖対立解消と融和への道

自分の祖先の人数を数えるのは意外に簡単にできます。20代遡ると100万人、30代遡ると10億人、40代遡ると10兆人が自分の先祖（先祖は重なっているということ）です。40代というと約800年前、鎌倉時代初めの日本の人口は700万人台と推定されていますから、現在の日本人は全てどこかで共通の先祖を持った遠縁の親戚となるかも知れません。こう考えると、自分一人孤独に悩むことはありません

そのように見ると、世界での民族間、人種間、国家間の対立、宗教対立は、異常な事態です。この対立を解消し、何とか人類共生の道を切り開けないか。第1部の「リョータのＺｅｎ」でリョータのアドバイザーであった黒崎賢一郎の独白にもあるように、「アジアや中東、アフリカの貧困国で、……大国のエゴや宗教対立の狭間で、平和国家日本のボランティアの人たちの献身的な努力が、貧困国の人びとのこころに応え、大きな役割を果たし

ている。……この道は人と自然にやさしいＺｅｎの心に通じるものがある……」ということだと思います。

生きるか死ぬか、共存を拒否する激しい対立の中で、禅の真髄である「活人剣」の考え、相手を尊重してその自主的な動きを誘い、結果的に目的を達成するという智恵、人や世界と一体となり結果的に相手や世界を動かすという哲理、人類皆兄弟の世界観の下で、共生の道を求める禅の智恵（日本文化、東洋文化）は、人類を救うものと言っても過言ではないでしょう。

❖人工知能の上をいく禅の智恵

人間の頭脳には、知識の記憶と計算だけでなく、そこから新しい価値を生み出す感性、創造力が備わっています。

人工知能が人間の能力を超える時点であるシンギュラリティ（技術的特異点）が近づいているという近未来予測は、人びとのこころに不安の影を投げかけています。

科学専門家である松尾豊氏は著書『人工知能は人間を超えるか』（ＫＡＤＯＫＡＷＡ刊）の中で、「人工知能が開く世界は、決してバラ色の未来でもないし、決して暗黒の未来でもない。人工知能の技術は着々と進展し、少しずつ世界を豊かにしていく。」(P253)、「人工知能が人類を征服したり、人類を作りだしたりという可能性は、現時点ではない。(中略)その理由を簡単に言うと『人間＝知能＋生命』であるからであるからだ。(人工知能は)知能をつくることができたとしても、生命をつくることは非常に難しい。」(P203〜204)と述べています。

氏はさらに、「しかし、人工知能は『特徴表現学習』(ディープ・ラーニング)により、多くの分野で人間を超えるかもしれない。人工知能が人間を征服する心配はないが、人間の尊厳を犯す可能性はあり、それに対する備えは必要だ。専門家だけでなく社会全体として、人間としての倫理観をもって、技術開発の今後のルールを作りこれに備えて行かなければならない」という趣旨のことも述べています。

人間は知能の他に生命とこころを有している。知能を作ることができても、生命を作ることとは非常に難しい。人間のこころと同等以上のこころを持つ生命を作ることも非常に難しい——ということでしょうか。

このような漠然とした不安に対して、第1部の「リョータのZen」で禅マスターの藤田ダイスケが語った「人工知能を超える人類の英知はZenに残されている」という独白は、私たちを勇気づけるものがあります。

色即是空を理解した人間から見ると、人工知能は「色《しき》」（有）の世界の産物で、色の世界は人間が考える枠の世界、与えた枠の中の外にある「空《くう》」（無）の世界には出られないのではないかと思います。したがって、その発達、計算速度がいかに上昇しても、人間のこころを超えることは、将来においても困難ではないかというのが藤田ダイスケの理解なのです。

6　禅の哲理を深く知る

❖ より深く考えてみたい人のために

最後に、禅についていてより深く知るために、

①「私」とは何か？

②私たちを取り巻く「世界や宇宙」とは何なのか？

③人や生物の「生き死に」にどう対したらよいのか？

について、禅の考え方の哲理の根底にあると考えているものをちょっとでも垣間見ていただきたいと考え、あえて解説を加えます。

私たちは、坐禅でこころを練ることを通じて、この哲理に目覚めることもできますが、同時に、古書をひもとき、公案を念じ、禅語を読むことを通じて、これらの課題をどう考えたらよいかのヒントを得ることができます。

以下の記述が、そのヒントを得る一助になれば幸いです。

❖ 自己本来の面目

①私とは？

思春期、青年期は、「自分探し」に悩む時代です。

「私は何者か？」

「私が生まれた意味は？」

「私が生きる目的は？」

これらの疑問への回答が見つからないと、日々の生活も、勉学も手につかなくなる時期があります。

私が理解し納得する範囲で、敢えて述べると、例えば次のような説明になります。

実は、私と他人（自他）を峻別する私（自己）というものは、意識の上ではあり得ますが、それは意識の一面で捉えた像に過ぎず、他の世界（全宇宙）と一体となった私（自己）こそが私の本来の姿（自己本来の面目）なのです。自己は、小我ではなく大我なのです。他と切り離された私は存在せず、私は常に親兄弟、親戚知人、さらには民族、宗教を超えて人類や自然とつながって存在するものと考えてみてはいかがでしょうか。動物とも、また植物ともつながり、さらには無機物など、宇宙に存在する

すべてのものとつながっている私（自己）。これを禅師や宗教家は、般若、這《しゃ》箇《こ》、集合的無意識など、いろいろな言葉で言い表しています。

自己本来の面目とは、このことで、これに気がつくことが悟りにつながるのではないかと考えます。

②小我を捨て大我に生きる

「我《われ》と大地《だいち》有情《うじょう》と同時に成道《じょうどう》す」とは、釈迦が早暁の坐禅で、金星（明けの明星）を見て悟りを開いた時の言葉と伝えられています。ここにいる自分も、ビッグバンで宇宙が生誕して以来、万物が進化する中で、いまここにある存在だと直覚したのです。

「天地と我と同根、万物と我と一体」（碧巌録）という禅語は、自分と他人だけでなく、他のあらゆる命や天地宇宙の大自然も、分け隔てのないひとつの大いなる命であると自覚を述べたものです。

「天上天下《てんじょうてんげ》唯我独尊《ゆいがどくそん》」（釈迦が生まれてすぐに七歩歩いて発した言葉と伝えられている）の意味は、唯《た》だ「私だけが尊い」ということではありません。小我を超えた、天地万物と同根である大我としての「我」が尊いということです。

③父母未生《みしょう》以前の本来の面目

これは禅の公案の一つですが、「両親によってこの世に生み出される以前のあなたの本質は何か？」という根源的な問いです。

父母が生まれる前の自己のありかはどこにあるのでしょうか。

長い宇宙の進化と共にある自己本来の面目とは何でしょうか。

坐禅の中で答えが見えてくるはずです。

「闇の夜に鳴かぬ烏の声聞けば　生まれぬ先の父ぞ恋しき」

烏は黒い、闇の夜には見えない、鳴かない烏の声は聞こえない。しかしその声が聴こえてくると、生まれる前の父（遠い昔の自己のありか）が恋しくなる。

これは一休禅師の歌と言われますが、鈴木大拙の言う「宇宙的無意識の直覚」につながるこころのありかと言えましょう。

❖ 豊かな宇宙観と生きる喜び

「現代人の自信喪失・ニヒリズムは、科学主義のもたらした『ばらばらコスモロジー（宇宙観）』によるものだ」という説があります。『生きる自信の心理学』（ＰＨＰ新書）を書いた宗教心理学者の岡野守也氏の言葉です。

同書によれば、学校での理科の授業だけだと、分析的にものを見るので「宇宙は、全部ばらばらの原子でできていて、宇宙のすべてのものはばらばらな物質の組み合わせで成り立っている」ということになり→自分が死んだらばらばらの原子に分解して終わりだ→だから自分の存在こそが一番大事である→一番大事な自分が死ぬことを避けられないとしたら、すべては最終的には意味がないのではないか…ということになりかねません。このような考えの行き着くところは、自信喪失とニヒリズム（虚無主義）です。

豊かな宇宙観を自分のものとし、わくわくと生きる喜びを味わうには、禅の哲理が役に立ちます。自分と宇宙をつなげてみる見方は、例えば次の公案に見られます。

■「大隋劫火《だいずいこっか》」の公案

これは、唐の僧大隋と僧の問答で、宇宙の終わりをテーマにしたものです。僧が大隋に「世界中が灰に帰した時、あなた自身の魂は無くなりますか、それとも不滅でしょうか」と質問した。大隋は言下に「無くなる」と答えた。僧は「この大事なもの（自身の魂）も他に随《したが》って消え去るのでしょうか」と再質問し、大隋はこともなげに「消え去る」と応じた。（『碧巌録』第29則）

公案は、実際に坐禅で提唱し身体で感じて回答を見出すものであり、頭だけで考える論理の世界を超えたものです。しかし、禅師が行う提唱の中にはヒントが隠されています。ある提唱では次のような趣旨を述べています。

「この僧は自分の魂にこだわり過ぎだ。自分と宇宙を別物と見ているので、宇宙の変化が気にかかる。自己の本質は宇宙そのものの活動の霊妙なるものであり、別に魂（仏性、人間の本質）というかたまりが、我らの身体に宿っているのではないことがわかっていない。」

「宇宙は元々ばらばらの物質ではなく、一つのエネルギー。150億年前のビッグバンで物質が誕生し、その後宇宙の進化が進んで、自分のいのちには宇宙150億年の歴史が込められている」という岡野守也氏の考え方は、おかしいでしょうか。

釈迦が夜明けに輝く金星を見て悟ったのはこのことではないかという気がします。悟りとは、誤解を恐れず言えば、「人生の目的がわかった」「この世に生まれた自分の居場所がわかった」「これまでの堂々巡りの悩みが解消した」等々というこころの状態のことです。

悟りには、**頓悟**《とんご》と**漸悟**《ぜんご》があります。頓悟とは、坐禅中や師との問答で、「ハッと気づいてたちまち悟る」ことであり、漸悟とは、じわじわと時間をかけて禅の修行をする過程で、次第に真理に到達することです。

次に示す無門禅師の悟りには、頓悟の喜びが満ち溢れています。

■無門禅師の悟り

無門慧開《むもんえかい》禅師（中国・宋の臨済宗僧）は、参禅中合図の太鼓の音を聴いてたちまち悟り、投機の偈《げ》（悟りの詩）を残しています。

青天白日、一声の雷（雲一つない青空の下に一声の雷、太鼓の音のようにドドーンと鳴り響いた）

大地の群生、眼豁開《まなこかっかい》す（この音で宇宙の生物がいっせいに眼を大きく開いて目覚めた）

万象森羅、斉《ひと》しく稽首《けいしゅ》す（宇宙の森羅万象が、草が風になびくようにスーッと礼をした）

須弥勃跳《しゅみぼっちょう》して三台《さんたい》に舞う（神仙が宇宙を舞台に踊り出した）

この偈を解説して、坐禅の会である釈迦牟尼会《しゃかむにかい》二代目会長の苧坂《おさか》光龍禅師は「真理を悟った喜びは、宇宙の森羅万象がなびき、神仙と共に宇宙を舞台に踊り出すような素晴らしい境涯だ」と述べています。

人は悟ることにより、天命を知り、志を立てる、本当にやりたいことをやる覚悟ができます。「人生意気に感ず、功名また誰か論ぜん」（魏徴『述懐』唐詩選）という心境でしょう。

天命については、西郷隆盛の死生観に関する逸話があります。西郷隆盛は20歳前後の若い頃、大久保利通と共に郷里の無三《むさん》和尚に参禅し、陽明学と共に禅の智恵を体得していました。後日、藩主島津久光の逆鱗に触れ、沖永良部島《おきのえらぶじま》に流されていた時に島人への講義記録が残っており、そこに西郷の死生観と天命観が示されています。

要旨は、人は天理を知れば生と死は天命であることを知り、天命のままに生きれば身は修《おさま》るという内容です。

❖生死の問題を解決するカギ

本当の意味で人間力が備わるかどうかは、生死の問題を解決するカギを手に入れたか否かで決まると言います。

禅では、「生死事大なり、無常は迅速なり」という言葉がよく使われます。「生き死に」の問題をどう超克するかが、生き方の基本を決めることになります。

江戸時代中期に佐賀鍋島藩士山本常朝《じょうちょう》が書いた『葉隠《はがくれ》』に「武士道と云ふは死ぬ事と見付けたり」とあるのは有名な話です。これは、死ぬことを美化した言葉ではなく、自分を無にし、死ぬほどの覚悟で事をなして初めて物事は成功するという意味です。以下の囲み記事を見て、生死の問題を解決するカギを探すヒントの一助にしていただければ幸いです。

■「大死一番、絶後に蘇る（大活現成《だいかつげんじょう》）」

文字どおり坐禅において三昧に入り、死に切った境涯に至れば、そこで新しい自己が蘇るという意味でしょう。坐禅の要諦として、「畳の上で死に切って坐る」という言い方もあります。

■「日面仏月面仏《にちめんぶつがちめんぶつ》」

中国・唐の時代に生きた馬祖道一《ばそどういつ》禅師（709〜788）が、病気になり、余命いくばくもない時、寺の執事が見舞いにかけつけて「和尚、ご機嫌いかがですか？」と問うたのに対して、馬祖は「日面仏、月面仏」と答えました（『碧巌録』第３則）。「日面仏」とは、千八百歳という寿命の長い仏のこと。「月面仏」とは、一日一夜という寿命の短い仏のこと。千八百歳まで生きる仏もあれば、一日一夜の仏もある、「生きるもよし、死ぬるもよし」と、泰然自若として言い切ったのです。

■不生禅《ふしょうぜん》

江戸前期に盤珪永琢《ばんけいようたく》禅師は不生禅を唱えました。「不生」とは、文字としては「生じないこと」ですが、ここでの「不」は否定でなく、不生は生滅を超えた絶対の生の意味と言われます。

人は「不生の仏心」（自己の身体の生死を超えて宇宙とつながるこころ）を持っているということだと理解されます。

おわりに

2015年春に、70代から20代までの男女数名が集まり、こころが荒れている子供たちに日本文化の粋である禅のこころに気づいてもらえないかと、原作者W-KIDSのペンネームで、マンガ「リョータのZen」プロジェクトをスタートさせました。いじめの多発、スマホへの依存など最近の子供たちのこころの発達状態には多くの方が心配されているところで、同プロジェクトが、子供のこころの向上の一助になれば幸いと考えたのでした。

そのマンガを、何とか完成させたいと努力を続けているときに、途中段階でこのマンガを読んだ知人から、こころが荒れているのは子供だけでなく大人もだとして、生き難い今の社会を生きぬく多くの世代の人のために、先人が長い歴史の中で練ってきた禅の智恵について、マンガを含めて解説する書籍の出版をと示唆され、出版企画が行われたという次第です。

禅はその修行の厳しさや、わかりにくい公案などのイメージがあり、また後進を指導する伝統的な手法、形式も存在して、その真理を紹介するときに高踏的な説明になりがちなので、とっつきにくい印象を持つ人も多いと思います。真実を正しく伝えることと、できるだけ多くの人に伝えることの両立は難しいことです。

本書は、後者の目的を果たすことを主眼とし、悩みを抱えつつ実社会で悪戦苦闘しているビジネスパースンや一般の方々に、世の中の課題難題をのり越えるヒントをすこしでも見つけていただきたいとの思いで、編集されたものです。

なお、今回の出版に際しては、日本能率協会マネジメントセンター出版事業本部長根本浩美様、自在社社長の根本英明様、同社取締役の上本洋子様に大変お世話になりました。

また、マンガ「リョータのZen」のストーリーの原作を一緒に担当していただいた井上由紀様、第1部の「リョータのZen」のマンガと第2部に挿入されたマンガ挿絵の作画をお願いしたsilversnow様のお力添えがなくしては、本書の出版は実現できなかったと思います。

さらに、柳生新陰流関西柳生会初代会長の永田鎮也様、釈迦牟尼会会長の山本龍廣老師、その他大勢の書き尽くせない方々のご指導を頂きましたこと、紙面を借りて深く感謝申し上げたいと考えます。

土居　征夫

主な参考文献

『六三四の剣』村上もとか著（小学館文庫）
『フューチャー・オブ・マインド　心の未来を科学する』ミチオ・カク著、斉藤隆央訳（ＮＨＫ出版）
『マインドフルネス・瞑想・坐禅の脳科学と精神療法』貝谷久宣・熊野宏昭編（新興医学出版社）
『リヒテンベルク先生の控え帖』Ｇ・Ｃ・リヒテンベルク著　池内紀訳（平凡社）
『ヒカルの碁』ほったゆみ原作　小畑健漫画（集英社文庫）
『禅と日本文化』鈴木大拙著　北川桃雄訳（岩波新書）
『五輪書』宮本武蔵著　渡辺一郎校注（岩波文庫）
『不動智神妙録』沢庵宗彭原著、池田諭訳（徳間書店）
『弓と禅』オイゲン・ヘリゲル著　稲富栄次郎、上田武訳（福村出版）
『剣と禅』大森曹玄著（春秋社）
『生命知としての場の論理　柳生新陰流に見る共創の理』清水博著（中公新書）
『最後のサムライ　山岡鉄舟』全生庵平井正修、圓山牧田編（教育評論社）
『生きる自信の心理学』岡野守也著（ＰＨＰ新書）
『無門関』（岩波文庫）提唱苧坂光龍（大蔵出版）
『碧巌録』（岩波文庫）提唱飯田欓隠（琳琅閣書店）
『臨済録』（岩波文庫）訳注朝比奈宗源（タチバナ教養文庫）
『坐禅入門』無門龍善著（大蔵出版）
『在家禅入門』苧坂光龍著（大蔵出版）

著者

土居 征夫（どい ゆきお）

東京大学法学部卒、通商産業省生活産業局長を経て退官、商工中金理事、NEC 取締役・執行役員常務、企業活力研究所理事長を経て、現在学校法人城西大学特任教授、日本信号株式会社顧問。この間、第一次安倍内閣教育再生会議担当室長代理、神戸製鋼所社外取締役。
著書に『人づくり・国づくり』（財界研究所、2010 年）、『下剋上——参謀本部と現代政治』（日本工業新聞社、1982 年）、共著に『失敗の本質　戦場のリーダーシップ篇』（ダイヤモンド社、2012 年）、『日本の未来を託す !』（時評社、2012 年）など。
柔道・合気道各二段、学生時代から在家禅の会で坐禅をはじめ、釈迦牟尼会苧坂光龍老師に師事、その後山本龍廣老師に師事し嗣法する。釈迦牟尼会常任理事。

ストーリー原作者

W-KIDS

20 代〜70 代という幅広い年代層の男女数名で、Zen のこころをマンガのストーリーで紹介するプロジェクトとして発足した集団名。井上由紀（いのうえゆき、合同会社ルボワ代表社員）及び土居征夫が共同代表。

作画

silversnow

神奈川県在住。三人の女剣士の母として子育てに奮闘中。大手食品会社 PR サイトや人気ゲーム「モンスターストライク」「18 エイティーン・キミトツナガルパズル」「ようこそ了法寺へ」「リンクブレイブ」のキャラデザインなど作品多数。

子ども向けマンガとしての「リョータのZen」は本書とは別に、子供の興味と関心を引くストーリーを豊富にもりこみ、2017年夏ごろには全話が完成の予定です。子供向け「リョータのZen」完成版については、今後下記HPでご案内する予定です。

http://www.zenmangajp.net/

マンガでわかる禅の智恵

2016年12月20日　初版第1刷発行

著　者――土居 征夫

発行者――長谷川 隆
発行所――日本能率協会マネジメントセンター
〒103-6009　東京都中央区日本橋2-7-1 東京日本橋タワー
TEL 03(6362)4339(編集)／03(6362)4558(販売)
FAX 03(3272)8128(編集)／03(3272)8127(販売)
http://www.jmam.co.jp/

装　　丁――平塚 兼右 (PiDEZA Inc.)
本文DTP――平塚 恵美、矢口 なな、鈴木 みの理、長谷 愛美 (PiDEZA Inc.)
図版作成――鈴木 みの理 (PiDEZA Inc.)
印刷・製本――三松堂株式会社

ISBN 978-4-8207-1954-0 C0010
落丁・乱丁はおとりかえします。
PRINTED IN JAPAN